MARIO LEHMANN

EIN **MISANTHROP** AUF DER **SONNENSEITE** DES **LEBENS**

novum 📖 pro

www.novumverlag.com

Bibliografische Information
der Deutschen Nationalbibliothek:

Die Deutsche Nationalbibliothek
verzeichnet diese Publikation in
der Deutschen Nationalbibliografie.
Detaillierte bibliografische Daten
sind im Internet über
http://www.d-nb.de abrufbar.

Gedruckt in der Europäischen Union
auf umweltfreundlichem, chlor- und
säurefrei gebleichtem Papier.

© 2024 novum Verlag

ISBN 978-3-99146-532-4
Lektorat: Laura Oberdorfer,
Veronika Lukashevich
Autobiografik: Franziska Hoch
Umschlagfoto:
Jennifer Becker Photography
Umschlaggestaltung, Layout & Satz:
novum Verlag
Innenabbildungen: Mario Lehmann

Die vom Autor zur Verfügung ge-
stellten Abbildungen wurden in der
bestmöglichen Qualität gedruckt.

www.novumverlag.com

Druckprodukt mit finanziellem
Klimabeitrag
ClimatePartner.com/16547-2311-1001

Inhaltsverzeichnis

PROLOG: Aus dem Hotel der Erkenntnis

Die Zimmertür fällt hinter mir ins Schloss, abgebremst durch den weichen, dunkelblauen Teppich. Das gibt einen satten Ton, gefolgt von dem Klacken der Tür. Die Welt bleibt draußen. Die Ostseeinsel ist mir nur Kulisse, das Meer vor dem Fenster Hintergrund, damit ich endlich denken kann. Erst vor Kurzem habe ich die Scheidungspapiere unterschrieben, was mir, ehrlich gesagt, nicht sonderlich schwerfiel. Mein Herz hing schon lange nicht mehr an Claudia. Nun habe ich also eine Ex-Frau. Sie will das Wochenende nutzen, um ihren Krempel zusammenzupacken und aus unserer Wohnung auszuziehen. Da muss ich nicht mittendrin stehen, das Chaos brauche ich nicht. Eher Abstand. Von allem. Die letzten Monate haben mich echt mitgenommen. Meiner Tochter kommt meine Abwesenheit ganz gelegen. Sie verbringt die Tage bei einer Freundin.

Ich bin allein mit mir selbst. Isoliert, schalldicht. Fern von allem anderen. Ruckartig ziehe ich den Fernsehstecker aus der Dose, schalte mein Telefon aus und setze mich aufs Bett. Ein fremdes Bett, in dem schon sonst wer gelegen hat. Bequem ist es trotzdem. Ich sehe mich um, konzentriere mich auf die Einzelheiten des Zimmers: Ein gepolsterter Stuhl an einem kleinen Schreibtisch, auf dem kunterbunte Infozettel liegen. Eine Flasche Wasser mit zwei Gläsern. Wofür eigentlich? Ich habe schließlich ein Einzelzimmer gebucht. Ein Sessel mit Leselampe. Daneben ein Kleiderschrank. Als ich hineinsehe, klacken die Bügel aneinander. An einem baumelt eine weiße Tüte für den Wäscheservice. Wie praktisch würde ich länger bleiben. Ich werde meine Klamotten wohl nicht auspacken. Hab schon immer aus dem Koffer gelebt, wenn ich unterwegs war. Das Bad, zweckmäßig. Nur flüchtig schaue ich mir ins Gesicht. Sehe aus wie immer, nur älter, geschaffter. Kein Wunder, die letzte Zeit war echt kein Spaziergang. Nach neun Jahren habe ich mich scheiden lassen. Wahrscheinlich hätten Claudia und ich damals gar nicht heiraten sollen. Das Bett, links ein Kissen, rechts ein Kissen. Auch für zwei gedacht.

Die Luft riecht nach Salz. Das Wasser kann nicht weit entfernt sein. Als ich aus dem Fenster schaue, das Meer suche, höre ich Möwengeschrei. Klingt wie Urlaub.

Da stehe ich nun. Jetzt heißt es warten und die Gedanken fließen lassen. Dafür bin ich schließlich hier. Habe ein Hotelzimmer gebucht für drei Nächte.

Niemand weiß, wo ich bin. Ich will die Abgeschiedenheit für mich nutzen, meine Gedanken spielen lassen, ein bisschen Ordnung schaffen. Ohne irgendwelche Ablenkung. Wer weiß, was alles hochkommt. Sicher nicht nur gute Erinnerungen. Aber wenn ich mich darauf einlasse, werde ich mich hinterher wieder etwas freier fühlen. Und vielleicht sogar glücklich.

Ich setze mich in den Sessel, atme durch. Meine Finger trommeln nacheinander auf die Armlehne. Erst langsam, dann immer schneller. Eins-zwei-drei-vier. Eins-zwei-drei-vier. Es gibt nichts zu tun, rein gar nichts. Keine Musik oder Stimmen, die mich ablenken können. Kein Buch zu lesen. So was wie Panik steigt in mir hoch: Was soll ich drei Tage lang tun, womit mich beschäftigen? Hätte ich doch zu Hause bleiben sollen? Macht das hier überhaupt einen Sinn?

Ich werde mir nachher was zu essen aufs Zimmer bestellen, muss irgendwas konsumieren zur Ablenkung. Einmal alles, bitte.

Ich habe einen Plan, und so kommt Stille über mich. Die Abgeschiedenheit lässt mich die Einsamkeit fühlen. Für mich nicht leicht zu ertragen, auch wenn ich mir das hier selbst ausgesucht habe. Wer bin ich eigentlich, ohne dass mir andere das sagen? Auf wen soll ich mich beziehen? Wem zuwenden? Und von wem abgrenzen, wenn da niemand ist außer mir selbst? Solche Betrachtungen können einen echt in den Wahnsinn treiben. Völlige Stille birgt die Gefahr, dass man Stimmen hört, die gar nicht da sind. Es rauscht in meinem Kopf. Erinnerungsblitze zucken. Meine Gedanken werden immer lauter. Kaum zu überhören.

Irgendwie bin ich immer enttäuscht worden: Meine Mutter hat mich im Stich gelassen, meine Frau hat mich gelangweilt, meine Kollegen wollten mich hintergehen, die Typen vom Klub haben mich rausgeschmissen.

Ich hatte schon viele Messer im Rücken. Und ich habe sie alle wieder rausgezogen.

Vaterlos

Andere haben Väter, die mit ihnen auf Bäume klettern oder Fußball spielen. Die ihnen bei den Hausaufgaben helfen und was zum Geburtstag schenken. Ich nicht. Mein Vater war nicht besonders freundlich, schon gar nicht väterlich. Er trennte sich von meiner Mutter, als ich acht war und meine Schwester Elke fünf. Danach habe ich ihn nie wiedergesehen, nie hat er nach mir gefragt. Auch zu meinen Großeltern, Onkeln und Tanten hatte ich keinen Kontakt mehr. Es gab ohnehin keine persönliche Bindung zwischen uns. Nur bei einer späteren Familienfeier tauchte sein Bruder einmal auf, ohne eingeladen zu sein. Meine Mutter erzählte nie von ihm, als sei er aus ihrem Gedächtnis gefallen, als habe es die Ehe zwischen den beiden nie gegeben. Nur Elke und ich waren ein sichtbares Überbleibsel aus dieser Zeit.

Ich vergaß, wie mein Vater aussah, ob er blond war oder Locken hatte, ob er groß war oder dick. Fotos gibt es keine von ihm. Ich würde ihn heute nicht mal auf der Straße wiedererkennen.

Mein Vater ist ein Arschloch, von dem ich nie etwas erwartet habe. Vielleicht lebt er schon gar nicht mehr. Mir wär's egal. Er hat absolut keine Rolle in meinem Leben gespielt. Wie es ihm ergangen ist in all den Jahren interessiert mich nicht. Er hat sich schließlich auch nie für mich interessiert.

An meine Kindheit kann ich mich kaum erinnern. Was macht man wohl, wenn man vier ist? Man geht in den Kindergarten. Man sitzt im Sandkasten. Man schiebt Spielautos hin und her. Man ärgert seine kleine Schwester. Und wenn man acht ist und

Sohn einer alleinerziehenden Mutter, die alle elterlichen Entscheidungen allein treffen muss?

Meine Mutter arbeitete als Sachbearbeiterin bei der Wasserwirtschaft Leipzig, später dann bei der NDPD, der National-Demokratischen Partei Deutschlands. Sie saß im Büro, ging morgens aus dem Haus und kam abends zum Abendbrot zurück. Alles ging seinen normalen Gang. Das Miteinander war recht harmonisch, alles war sauber und ordentlich, Elke und ich funktionierten. Wir Kinder beschäftigten uns, packten morgens unsere Brotdosen, gingen in Kindergarten, Schule und Hort. Mittwochs war Pioniernachmittag. Meist holte ich meine Schwester vom Kindergarten ab und ging mit ihr nach Hause, wo wir uns selbst was kochten. Zum Geburtstag gab's eine Torte, und Elke und meine Mutter sangen »Weil heute dein Geburtstag ist«.

Nach der vierten Klasse zogen wir von Leipzig nach Leipzig-Grünau, von der Innenstadt ins Neubaugebiet. Das eröffnete mir neue Möglichkeiten, neue Spielplätze, eine neue Schule. Ich ging nun in die POS »Adolf Hennecke«, benannt nach dem tüchtigen Bergmann und ruhmreichen »Held der Arbeit«, dessen Porträt im Foyer hing und uns Schüler tagtäglich begrüßte. Meine Noten waren nicht herausragend, aber ich kam so durch. Hin und wieder musste meine Mutter zur Klassenlehrerin, weil ich irgendwas ausgefressen hatte. Aber wirkliche Konsequenzen folgten nicht. Nachmittags spielte ich Fußball mit meinen Kumpels, so wie das eben alle Jungs machen. Der Verein gehörte zur BSG Chemie Leipzig, und wir kickten in der Bezirksliga. Eine feste Position hatte ich nicht, sondern wurde immer dort eingesetzt, wo Not am Mann war. Ich war ziemlich wendig und spielte gut.

Manchmal war ich mit einem Schulkumpel in unserem Wohngebiet unterwegs. Er wohnte im selben Aufgang wie wir. Wir quatschten, fuhren mit dem Fahrrad durch die Gegend oder trieben uns auf Baustellen rum. Wir kletterten in Rohbauten, spazierten durch unfertige Küchen und Bäder und knackten die Schlösser von Bauwagen. Hin und wieder nahmen wir eine Kaffeekasse mit, steckten Zigaretten ein oder klauten die Schlüssel der Maschinen und Geräte. Draußen schmissen wir sie in die trüben Pfützen und freuten uns diebisch bei der Vorstellung, dass die Bauarbeiter sie umsonst suchen würden. Mein Kumpel und ich waren ziemlich schräg drauf. Zu Hause hörten wir gemeinsam Musik, alles querbeet. Meist Kassetten, die wir beim Radiohören mitgeschnitten hatten. Vorne fehlte immer was vom Lied und hinten quatschte der Moderator rein.

Ich verbrachte eine ganz normale Kindheit. Wie Hunderttausende von DDR-Kindern.

Der Junge und das Fahrrad

Meine Mutter hatte zu dieser Zeit kein gutes Händchen bei der Auswahl ihrer Partner. Wahrscheinlich trieb sie der Wunsch, nicht allein zu sein. Andere Dinge verlor sie dadurch aus dem Blick. Bald schon lernte sie im Büro der NDPD Manfred kennen. Sie wollte uns nicht alleine lassen, deshalb brachte sie ihn mit zu uns nach Hause. Elke und ich verschwanden dann ins Kinderzimmer, um nicht mit ihm zusammen sein zu müssen. Er saß bei uns auf der Couch und benahm sich wie ein Despot. Dieser Mensch war nicht besser als mein Vater. Er verbrachte wenig Zeit mit uns Kindern, wir und unsere Belange interessierten ihn nicht sonderlich. Meine Mutter behandelte er ziemlich schlecht, kritisierte sie ständig und wies sie zurecht. Manchmal wurde er handgreiflich. Und sie nahm es hin. Zwar äußerte sie ihre Meinung, vertrat sie aber nicht. Diskussionen ging sie aus dem Weg.

Als ich zwölf war, fuhren wir in den Ferien nach Bad Schmiedeberg. Elke blieb bei unserer Oma. Meine Mutter wollte als Familie Urlaub machen: Vater, Mutter, Sohn. Ein schönes Bild, das jedoch nicht wirklich zu uns passte. Die beiden waren ein Paar, ich machte eher mein eigenes Ding.

Über den FDGB hatte meine Mutter einen kleinen Bungalow zugewiesen bekommen, der etwas außerhalb der Kleinstadt im Wald stand. Rundherum gab es weitere Hütten, in denen Leute von der NDPD Urlaub machten. Mit denen kamen wir allerdings kaum in Kontakt. Viel war in Bad Schmiedeberg nicht los. Wir liefen durch die Dübener Heide, gingen baden, saßen auf der Terrasse. Meine Mutter ließ mir ziemlich freie Hand. Ich langweilte mich und sehnte die Heimreise herbei. Eines Abends fuhr ich mit dem Fahrrad, das ich mir beim Vermieter geliehen hatte, ins Kino. Ich war spät dran, stellte das Rad hastig vor dem Gebäude ab und vergaß dabei völlig, es irgendwo anzuschließen. Nach dem Film war es weg. Ich lief um das Gebäude herum. Nichts. »Wie blöd«, dachte ich, »lässt sich aber nicht mehr ändern.« Außerdem war es ja nicht mein eigenes Rad. Ich trottete also zu Fuß zurück. Das war ganz schön weit. Langsam wurde es dunkel. Glücklicherweise fand ich den richtigen Weg.

»Kommt der Herr auch schon?«, ranzte Manfred mich an, als ich die Bungalowtür öffnete. Er saß mit einer Flasche Bier auf dem Sofa.

»Ich musste laufen«, gab ich zur Antwort.

»Wieso das denn? Wo ist das Fahrrad?«

»Hat jemand vorm Kino geklaut. Als ich wieder rauskam, war es nicht mehr da.«

»Hast du Idiot das Teil nicht angeschlossen?«

»Nee, hab ich vergessen. Ist doch nicht so schlimm, dass das Klapperding weg ist«, brachte ich hervor.

Manfreds Gesicht wurde immer röter, er sprang auf und flippte total aus. Meine Mutter aber stand apathisch daneben, rührte sich nicht und machte keinen Mucks. Ich hätte verstanden, wenn sie sich Sorgen um mich gemacht hätten, schließlich war ich stundenlang weg gewesen in einer fremden Stadt. Ihm ging es aber nicht um mich, sondern nur um das gestohlene Fahrrad.

Unentwegt schrie er mich an. Ich hoffte die ganze Zeit, meine Mutter würde einschreiten, mich, ihren Sohn, verteidigen, mich beschützen. Aber das tat sie nicht. Ich versuchte mich zu rechtfertigen, kam aber nicht gegen Manfred an. Er steigerte sich in seinen Wutausbruch hinein, rückte mir immer weiter auf die Pelle, bis er direkt vor mir stand. Die Fäuste geballt, war er kurz davor, mir ins Gesicht zu schlagen. Ich stand in die Ecke gedrängt, blieb stumm, blickte ihm aber grimmig entgegen. Die Luft zwischen uns war geladen. Ich würde mich auf keinen Fall von diesem Typen verprügeln lassen, so viel war klar. Und er schien zu spüren, dass ich mich gegen ihn wehren würde. Ein Zwölfjähriger gegen einen Erwachsenen – zwei Köpfe kleiner und fünfzig Kilo leichter. Wir starrten uns an. Und er ließ von mir ab.

Als wir zurück in Leipzig waren, versuchte Manfred weiterhin, der Herr im Hause zu sein. Meine Mutter verlor kein Sterbenswörtchen über seinen Ausraster nach der Fahrradgeschichte. Sie tat so, als sei nichts passiert, statt sich mit mir hinzusetzen und über die Situation zu reden. Sich zu entschuldigen vielleicht. Insgeheim gab sie Manfred durch ihr Schweigen recht.

Das Zusammenleben wurde immer beengender. Ich versuchte, möglichst nicht da zu sein, wenn Manfred zu uns nach Hause kam. Oder ich verzog mich in mein Zimmer und machte mein eigenes Ding. Ich ging oft zum Fußball, inzwischen spielte ich bei der BSG Lokomotive Ost Leipzig. Bis mir ein Gegenspieler gegen das Schienbein trat, sich mein Knie verdrehte und ich mehrere Wochen ausfiel. Die Reha dauerte ewig. Danach hörte ich mit dem Fußballspielen auf, da war ich sechzehn Jahre alt.

In der Schule kam ich gerade so durch. Aber nicht, weil ich blöd war, sondern weil ich keine Lust hatte, mich anzustrengen. Mir reichte es, die Prüfungen zu bestehen, ich musste keine Eins haben. Die neunte Klasse wählte ich ab, ging lieber kicken und baden. Wegen meiner wiederholten Abwesenheit bekam ich einen Tadel, blieb aber nicht sitzen. Auch für die Abschlussprüfungen der zehnten Klasse lernte ich kaum. Zugegeben, ich war faul. Aber ich kam damit durch.

Start ins Leben

Mein Magen knurrt. Bin heute schon lange unterwegs, das Frühstück liegt Stunden zurück. Ich wuchte mich aus dem Sessel hoch, suche die Menükarte, die irgendwo zwischen den Broschüren auf dem Tisch liegen muss. Salat, Würzfleisch, Salamipizza. Ich rufe die Rezeption an, eine Männerstimme nimmt meine Bestellung entgegen.

Schon ewig habe ich nicht mehr an meinen Vater gedacht, eigentlich meine ganze Jugend über nicht. Hatte wohl Besseres zu tun, als jemandem hinterher zu trauern, der es gar nicht verdient hat. Jemandem, der es vorgezogen hat, seine beiden Kinder zurückzulassen und ein neues Leben anzufangen. Als gäbe es Elke und mich gar nicht. Später hat er wohl versucht, Kontakt zu meiner Schwester aufzunehmen. Ob sie sich tatsächlich getroffen haben, interessiert mich nicht.

Sicher, mein Vater hat eine Leerstelle hinterlassen, ein Loch, in das ich vielleicht gefallen wäre, hätte ich über ihn nachgedacht. Ich war enttäuscht, weil er uns verlassen hat. Das war wohl der Grund dafür, dass ich selbst niemandem mehr wirklich vertrauen konnte. Und meine Mutter hat noch reingehauen in die gleiche Kerbe.

Sie war zwar da, aber stand trotzdem nicht zu mir. Als ihr Typ auf mich losging, hätte sie mir beistehen, sich vor mich stellen müssen. Was konnte ich denn dafür, dass mir das Fahrrad geklaut worden war? Stattdessen aber blieb sie stumm, hatte Schiss, den Mund aufzumachen und am Ende ohne Mann dazustehen. Dafür mit einem Sohn, der sich bei seiner Mutter sicher fühlte. Aber es war ihr egal, wie ich mich fühlte. Sie ließ ihren Typen schalten und walten, wie es ihm passte.

In dem Moment, als mich Manfred in die Ecke gedrängt hat, wurde ich auch von meiner Mutter verlassen. Und ich begann, mich emotional von ihr abzunabeln. Fortan zog ich mein eigenes Ding durch. Sie war noch lange mit ihm zusammen, weit über die Wende hinaus. Sie zogen zusammen weg. Ihr Leben mit ihm bestand nur aus Kompromissen, von ihrer Seite natürlich. Was er sagte, galt. Vor ein paar Jahren starb Manfred und meine Mutter zog nach Delitzsch.

Meine Familie war also kein geschützter Ort, an dem ich mich geborgen fühlte. Die Kälte, die stattdessen herrschte, hat mich früh selbstständig werden lassen. Ich lernte damals, dass ich mich nur auf mich selbst verlassen kann. Dass ich ständig auf der Hut sein muss, damit mich niemand verletzt. Am Ende ist die eigene Familiensituation nur ein Zustand der Vergangenheit, der sich nicht verändern lässt. Jeder spielt eine Rolle, bis er geht und alles hinter sich lässt.

Die Verbindung zu meiner Kindheit ist gekappt. Mit zwölf hat sich alles verändert mit einem Schlag. Es kommt mir so vor, als sei der kleine Mario jemand ganz anderes als ich. Einer, der traurig ist. Kritisch. Einsam.

Ich hatte einen schweren Start ins Leben, das ist mir heute klar. Vielleicht habe ich deshalb auch das Lieben erst später gelernt, weil ich erst mal misstraue. Der andere muss mir erst beweisen, dass er mein Vertrauen auch verdient. Die Enttäuschung kommt sowieso. Sicher habe ich oft eine gewisse Nähe zu einem anderen vermisst. Eine Nähe, die meine innere Einsamkeit vertreiben konnte. Kommt meine Geschäftigkeit vielleicht daher, dass ich die emotionale Lücke irgendwie füllen musste? Meine Zeit vertreiben musste, um nicht zu merken, was fehlt?

Es klopft. Die Zimmertür zieht schwer über die plüschige Auslegeware, als ich öffnen will. Ich brauche erstaunlich viel Kraft, um sie zu bewegen. Der junge Mann vom Restaurant reicht mir ein Tablett, auf dem Geschirr aufgereiht ist. Suppe, Nudeln, Vanillepudding. Die Kosten lasse ich aufs Zimmer schreiben. Inzwischen habe ich echt Hunger.

Die Tür klappt zu und knallt unterwegs gegen mein Knie. Nicht die erste Tür, die sich rächt.

Der Neid der Nelke

Mit dem Gesellenbrief als Isoliertechniker in der Tasche trat ich 1988 in den Leipziger Szeneklub Nelke ein. Der befand sich in einem Flachbau mitten in meinem Wohngebiet. Schon vorher war ich oft dort gewesen. Axel, einer der Chefs, hatte mich angesprochen, ob ich nicht beim Klubrat mitmachen wolle. Klar wollte ich! So wuchs ich in die Leipziger Szene hinein.

Axel und Kai waren von der FDJ als vollberufliche Leiter des Klubs eingesetzt worden, um Jugendarbeit zu leisten, und dementsprechend dem System verpflichtet. Sie erstellten Programme und reichten sie bei der FDJ-Kreisleitung ein, damit sie sie abnickten. Bei manchen Veranstaltungen standen Gutachter rum und hatten ein Auge auf die Jugendlichen und die Musik. Da gab es die offizielle 60/40-Regelung, was die gespielte Ost- und Westmusik betraf, woran sich allerdings so gut wie keiner hielt. Kai als DJ legte auf, was er bekommen konnte. Seltener echte Platten, weil es schwer war, an die ranzukommen, eher Kassetten, selbst mitgeschnitten bei DT64, dem Radiosender, den wir alle hörten.

Für mich ging es vor allem um gute Musik, als ich bei der Nelke einstieg. Nicht einfach so runtergedudelt, sondern von Profis aufgelegt und abgemischt. Außerdem machte ich das eine oder andere Geschäft, baute zum Beispiel Alukoffer für die Tontechnik oder installierte Waschbecken und Klos. Das Material dazu kam aus dem VEB, bei dem ich tagsüber arbeitete.

Die DJs hatten einiges an Technik zu verstauen und zu transportieren, aber richtige Vorrichtungen dafür gab es nicht. So tüftelte ich über die passende Verkleidung eines Autoanhängers, baute verschiedene, abschließbare Transportboxen für Lichtanlage, Rekorder und all das teure Zeug. So was gab es nicht auf dem Markt und die DJs rissen es mir förmlich aus den Händen. Ich machte mir einen Namen in der Szene, weil ich auch Sonderwünsche umsetzte, und verdiente mir eine goldene Nase mit den Anfertigungen. Materialkosten hatte ich so gut wie keine. Hauptsächlich stand ich freitags und samstags an der Tür neben meiner Arbeit im Betrieb. Die Position brachte mir viel Macht und Einfluss, auch wenn ich neben Ralf zu den Jüngsten gehörte. Unsere Gruppe bestand aus zehn Mann, die für Ordnung und Sicherheit sorgen sollten, ganz normale Jungs, die unter der Woche wie ich ihrer regulären Arbeit nachgingen. Mit dem Einlass wechselten wir uns ab. Stand ich an der Tür, war der Klub voll. Ich hatte irgendwie ein Händchen dafür, die richtigen Leute reinzulassen.

Ich achtete auf ein ausgewogenes Männer- und Frauenverhältnis, hauptsächlich aber kam es mir darauf an, dass es im Laden lustig zuging. Durch die DJs frequentierte uns ein tanzbegeistertes Publikum, Schüler aus der POS, junge Leute aus den Betrieben und den Wohnheimen, Mädels aus der Ballettschule, alle höchstens dreißig. Manche kamen extra aus Berlin oder Potsdam angereist, um bei uns zu feiern, und alle mussten an mir vorbei. Ich knüpfte ziemlich viele Kontakte, kannte die Leute.

Die Ballettmädels ließ ich besonders gern rein, sie sahen gut aus und konnten sich bewegen. Die Berlinerinnen brachten mir Platten aus der Hauptstadt mit, die es bei uns nicht gab. Ich kaufte sie ihnen für hundert Mark ab und verhökerte sie für vierhundert an Kai. Die erste LP von Heaven17 in Leipzig ging so durch meine Hände.

An der Tür machte ich klare Ansagen, war dabei aber nie beleidigend oder böse. Normalerweise lief es vor und in der Nelke recht friedlich ab. Die Leute machten kein Theater, schließlich wollten sie rein in den Klub und abfeiern. Entscheidend war für mich, dass das Bild stimmte: Wer gut aussah und die richtigen Klamotten anhatte, kam rein. Und die Leute mussten tanzen. Wer nur rumstand und trank, quatschte die Mädels blöd an und machte über kurz oder lang Ärger.

Zu dieser Zeit war Gewalt nichts Ungewöhnliches, sie war Teil des Alltags in der Leipziger Szene. Immer wieder hörte man von Schlägereien, wenn sich ein Streit hochgeschaukelt hatte oder rivalisierende Gruppen aneinandergeraten waren. Ich ahnte, dass es mir auch irgendwann passieren würde, und ich nahm mir vor, im Ernstfall schneller zu sein als mein Gegner. Mir aus Höflichkeit eine zu fangen, kam für mich gar nicht infrage. Ob ich dabei im Recht oder im Unrecht war, war mir, ehrlich gesagt, scheißegal.

An einem Samstag war es im Laden mal wieder rammelvoll. Es passte definitiv keiner mehr rein. Und trotzdem versuchten drei Jungs, mich an der Tür vollzuquatschen.

»Tut mir leid, Jungs, ist nichts Persönliches«, stellte ich mich ihnen entgegen, »aber ihr passt echt nicht mehr rein.«

«Wir warten auf dich, bis du hier fertig bist«, spielte sich einer auf, bevor die drei den Platz räumten. Solche Drohungen hörte ich ständig und gab nichts darauf. Der Abend lief weiter, ohne dass ich mir über die Sache Gedanken machte.

Als gegen zwei oder drei alle Gäste raus waren und wir nur noch zusammen mit den Mädels von der Bar aufräumten, die Stühle hochstellten und die Gläser einsammelten, kam mein Kollege Ralph von der Tür angestürmt: »Mario, die drei Typen von vorhin stehen immer noch da draußen!«

Das hatte ich nicht erwartet. Ich ging nach draußen. Der eine Kerl kam auf mich zu und sagte ganz ruhig: »Wie versprochen, warten wir auf dich, Arschloch.«

Ich knallte ihm die Tür vor der Nase zu und atmete kräftig durch.

»Scheiße! Was machen wir denn jetzt?« Die Mädels guckten in meine Richtung. Ich versuchte, mich zu sammeln. Ralf wollte ich nicht in meine Angelegenheiten reinziehen, schließlich hatte ich es verbockt. Also musste ich es auch ausbaden.

Die oder ich, das war mir schlagartig klar. Jetzt hilft nur schnell und gefährlich sein, damit sie gleich wissen, mit wem sie es zu tun haben. Ich lief in die Abstellkammer, schnappte mir einen Besen, schraubte die Bürste ab, feuerte sie in die Ecke,

20

riss die Tür auf und rannte nach draußen. Ich holte weit aus, erwischte dabei den Ersten, nahm dann den anderen ins Visier und traf ihn mit voller Wucht auf den Oberarm. Beide schrien vor Schmerzen. Durch den Schlag brach der Stiel ab und wurde so zu einer Art Speer. Schnaufend hielt ich inne, drehte mich zum Dritten um und rief: »Jetzt bist du dran!«

Er taumelte zurück, während sich seine Kumpels noch krümmten. Dann rannten sie davon. Ich begann zu zittern. Vor Wut hätte ich ihm wahrscheinlich den abgebrochenen Besenstiel ins Bein gerammt. Das hätte echt schlimm enden können. Wäre Blut geflossen oder hätte ich jemandem den Schädel eingeschlagen, hätte mit Sicherheit jemand die Polizei gerufen. Wie hätte ich das erklären sollen? Wahrscheinlich wäre ich in den Knast gekommen. Ich erschrak vor mir selbst.

So etwas ist mir nie wieder passiert. Klar gab es hin und wieder brenzlige Situationen, aber ich habe nie eine auf die Mütze bekommen oder ausgeteilt. Ich hatte immer Glück, obwohl ich mich auch später mit Leuten anlegte, die deutlich größer und stärker waren als ich. Mit der Tür im Rücken hatte ich einfach eine große Fresse. Die fanden die meisten so lustig, dass sich angespannte Situationen durch gemeinsames Lachen auflösten.

Axel und Kai bekamen irgendwann mit, dass ich ein Händchen für die Tür hatte. Sie sahen das aber nicht als geschäftsfördernd an, sondern witterten Gefahr. Vielleicht waren sie auch einfach nur neidisch, dass ich's draufhatte und die Leute mich mochten. Ich hatte was zu sagen, hatte Einfluss, und das gefiel ihnen gar nicht. Sie wollten ihre Macht nicht mit mir teilen. Mein Talent war ihnen ein gewaltiger Dorn im Auge.

Da beschlossen sie, mich aus dem Klub hochkant rauszuwerfen. Und zwar auf ganz miese Weise.

»Da ist zu wenig Eintrittsgeld in der Kasse!«, sagte Kai eines Abends, nachdem er mich in sein Büro zitiert hatte.

»Das kann nicht sein«, wehrte ich mich.

»Ich habe vierhundert Leute im Klub gezählt. Und dafür habt ihr eindeutig zu wenig Kohle eingenommen. Oder du hast dir selber was in die Tasche gesteckt.«

Ich war mir ziemlich sicher, dass nur gut zweihundertfünfzig Leute im Laden unterwegs waren. Schon damit war er brechend voll und total unübersichtlich. Wie Kai die Gäste gezählt haben wollte, war mir unklar. Aber ich schwieg.

»Du bist für die Kasse verantwortlich! Dann müssen wir wohl davon ausgehen, dass du uns betrügen wolltest. Du bist gefeuert.« Ich versuchte gar nicht, ihm zu widersprechen. Das war mir zu blöd. Außerdem konnte ich nicht beweisen, dass ich viel weniger Gäste reingelassen hatte. Natürlich konnte er seine vierhundert Leute ebenso wenig beweisen, aber darum ging es auch nicht. Ich stand auf und verließ Kais Büro und kurz darauf die Nelke. Das war 1990. Bei solchen Spielchen machte ich nicht mit. Diskussion zwecklos. Die beiden konnten ihre Macht wiederhaben, ich brauchte sie nicht. Die Stelle an der Tür wurde schnell neu besetzt. Ein Jahr später machte die Nelke zu.

Mein Leipzig

Damals war ich echt auf einer anderen Bahn unterwegs. Wäre ich in Leipzig geblieben, wäre es mit Sicherheit die schiefe geworden. Es hat nicht viel gefehlt, dass ich in der wilden Wendezeit ins neu aufkommende Milieu abgerutscht wäre. Gott sei Dank war das nicht der Fall. Ich wollte Geld verdienen, egal wie, und das trieb mich an. Nach der Schlägerei dämmerte mir, dass es kein gutes Ende mit mir nehmen würde, würde ich so weitermachen wie bisher. Noch heute erschrecke ich mich vor mir selbst, wenn ich daran denke, wie einfach es für mich war zuzuschlagen. Als wäre es ein Reflex. Sicher, in diesem Fall war es Selbstverteidigung. – Hätte ich nicht zugeschlagen, wäre ich der blutige Typ am Boden gewesen.

Ich habe mich von meiner gewalttätigen Seite verabschiedet. Insofern war es vielleicht auch gut, dass sie mich aus der Nelke rausgeekelt haben. Was aus Kai und Axel geworden ist, weiß ich nicht.

Ich liebe Leipzig. Die Menschen dort sind toll, weltoffen und auch irgendwie bodenständig. Mir war immer klar, ich will im Osten bleiben. Ich muss nicht nach München, Frankfurt oder Hamburg gehen. Ich hab's mir angeguckt. Das sind nicht meine Städte. Zu etepetete. Ich finde, Berlin ist eine coole Stadt, ich bin oft in Berlin, aber ich könnte dort nicht leben. Die Stadt würde mich kaputt und krank machen. Das Leben dort ist mir zu nervös und hektisch.

Im Herzen bleibe ich immer Leipziger, auch wenn ich für meine Ehe nach Dessau gezogen bin. Leipzig war schon vor der Wende sehr eigen. Hier kenne ich die Leute und die Regeln. In Leipzig ist die Ruhe des Ostens im besten Sinne bis fünfundneunzig, sechsundneunzig er-

halten geblieben. Erst danach wurde es hektischer. Ich kann mit dieser Hektik nichts anfangen.

Deshalb bin ich auch auf die Insel Rügen gefahren, um Abstand zu gewinnen. Um Ruhe zu finden. Ich werde gleich noch an den Strand gehen. Dem Meer beim Meersein zusehen. Es ist nicht allzu windig heute, ganz gemächlich werden die Wellen an Land laufen.

Die Menschen neiden einem alles: Erfolg, Geld, Glück. Die Geschichte mit der Nelke macht mir das wieder bewusst. Deshalb rammen sie einem das Messer in den Rücken, um dich zappeln zu sehen. Du aber ziehst es raus, rappelst dich auf und beginnst was Neues. Und das macht sie schier wahnsinnig. Sie neiden es dir wieder, wenn du trotzdem weiterkommst. Das Spiel beginnt von vorn.

Der Neid der anderen verfolgt mich bis heute. Ich verdiene ihn mir. Mitleid bekommt man geschenkt.

Wild Ost auf dem Bau

Mit sechzehn zog ich zu Hause aus und begann ein komplett eigenes Leben. Das war 1984. Ich bezog eine kleine Wohnung in Grünau und fing mit der Lehre als Isoliertechniker an. Das hatte ich mir bei den Berufsinfotagen in der Schule ausgesucht, bei denen sich alle Betriebe der Gegend vorstellten. Der Übergang zum Berufsleben war also fließend, ich musste mich nicht allzu sehr anstrengen.

Nach der zehnten Klasse absolvierte ich eine Ausbildung zum Facharbeiter für Isoliertechnik beim VEB Industrieisolierung Leipzig. Der VEB hatte sich auf Glasfaserisolierungen spezialisiert und arbeitete weltweit, was mich reizte.

Die Ausbildungsinhalte waren recht spannend. Auf eine Woche Berufsschule folgten drei Wochen in den verschiedenen Betrieben. Ich war jeden Tag pünktlich und acht Stunden vor Ort, leistete mir keine Fehltage, denn mir war klar: Ich muss den Facharbeiter machen, um weiterzukommen. Es gab nämlich die Option, später ins Ausland zu reisen. Ich ging also einer anspruchsvollen Tätigkeit nach, um damit später richtig rumzukommen. Das war genau das, was ich suchte: Unabhängigkeit, Abwechslung, Wagnis.

Wir Lehrlinge zogen von Kraftwerk zu Kraftwerk und durften viel ausprobieren. Im Winter schufteten wir draußen, im Sommer drinnen. Eine wirksame Methode, damit wir zügig arbeiteten. Sonst wäre das nicht auszuhalten gewesen. Die Isolierarbeiten waren dreckig und gefährlich. Deshalb waren wir wohl auch nur zu zwölft. Einer der Lehrlinge hieß Jörg, mit dem ich mich von Anfang an gut verstand und hin und wieder Zeit verbrachte. Doch eigentlich hatten wir alle kaum Freizeit, weil wir nebenbei arbeiteten. Inoffiziell.

Meine Brigade bestand aus fünf Monteuren, aber nicht alle durften reisen; drei delegierte man ins sozialistische Ausland, einer war für die DDR zuständig und einer für den Westen. Neben dem Wunsch, die Welt zu sehen, wollte ich vor allem in harter Währung bezahlt werden. Ich malte mir schon aus, wie ich zwischen Kraftwerken in Kamtschatka und Kühlhäusern in Kaliningrad das größte Land der Erde erkunden und, nachdem ich den gesamten Osten bereist hätte, in den Westen delegiert werden würde.

Nach dem Abschluss meiner Ausbildung zum Facharbeiter für Isoliertechnik dämmerte mir, dass ich als jüngstes Brigademitglied keine Chance zum Reisen haben würde. Es hätte Jahre gedauert, bis ich an mein selbst gestecktes Ziel gelangt wäre. Also wechselte ich auf eigenes Betreiben zum VEB Energieversorgung Leipzig, arbeitete dort weiter als Isoliertechniker und absolvierte neben der Arbeit am Wochenende eine zweite Lehre zum Klempner/Installateur. Diese Zusatzqualifikation bezahlte mir mein Arbeitgeber neben dem Lohn und stellte mich dafür von der Arbeit frei. So versuchte er, mich langfristig an den Betrieb zu binden. Sie brauchten immer Nachwuchs und ich war ein junger Mann, wollte vorankommen und war ideenreich.

Durch meine Anstellung beim VEB Energieversorgung konnte ich richtig Geld verdienen. Nicht vor Ort, sondern nach der Arbeit. Da schuftete ich mit einem Kollegen privat. Ich besaß vor allem aus der Nelke die entsprechenden Kontakte, was die ganze Sache vereinfachte. Da es in der DDR viel zu wenige offizielle Handwerker gab, die für Privatleute arbeiteten, war die Nachfrage riesengroß. Es konnten nicht viele eine Gasleitung fachgerecht verlegen. Die Menschen warteten sehnsüchtig auf jemanden, der ihnen eine moderne Heizung einbaute und sie vom Kohleschleppen befreite oder der ihnen das Bad renovierte und zahlten gut und gerne.

Die Materialien für unseren Feierabenddienst stellte der VEB freundlicherweise, wenn auch unwissentlich zur Verfügung. Wir bauten Heizungsrohre, Armaturen, Kloschüsseln und Kabel irgendwo aus, schrieben das Zeug als Schrott ab und verwendeten es dann für unser privates Engagement. »Privat geht vor Katastrophe«, hieß es damals. Und so war es tatsächlich: Alle Leute nahmen aus ihren Betrieben mit, was sie brauchten, und auf Arbeit mangelte es dann. Zum Glück kam mir im Betrieb nie jemand auf die Schliche oder verriet mich.

Durch unsere betriebsame Geschäftigkeit konnten mein Kollege und ich uns vieles leisten, was mit unserem legalen Lohn unerschwinglich gewesen wäre. So machten es alle, die vorankommen wollten. Ein Trabant kostete mit Wartezeit zehntausend Mark, eine gute Stereoanlage zwölftausend und ein Farbfernseher die Hälfte. Zwar verdienten wir Handwerker recht gut, fast so viel wie Ärzte, bei einem regulären Monatseinkommen von tausendzweihundert Mark aber wäre eine solche Anschaffung undenkbar gewesen. Also arbeiteten wir nach Feierabend und am Wochenende.

Die erste größere Anschaffung, die ich mir leistete, waren ein Paar weiße Adidas-Turnschuhe, die ich im Exquisit kaufte. Zweihundertfünfzig Mark blätterte ich dafür hin. Ich ging feiern, essen und trinken und lud Freunde ein, ohne aufs Geld zu gucken. Ich ließ mich vom Schwarztaxi durch die Gegend und nach Hause kutschieren. Weil es jedoch viele Dinge nicht auf Vorrat gab und Mieten und Grundnahrungsmittel subventioniert und damit billig waren, war es schwer, das verdiente Geld auch auszugeben. So sparte ich gleich von Anfang an ein hübsches Sümmchen zusammen.

Feierabendverdienst

Letztlich läuft alles über Beziehungen. Beziehungen bedeuten Geld. Heute behaupten viele, sie hätten damals nicht mitgemacht. Hätten im Betrieb nichts mitgehen lassen. Hätten nie an ihr eigenes Auskommen gedacht. Wären rein sozialistisch gewesen. Sie lügen. Alle haben mitgemacht, und sei es, um das eine gegen das andere zu tauschen. Ich stehe dazu.

Schon damals legte ich den Grundstein für meinen heutigen Erfolg. Faulsein war mir schon immer, jedenfalls nach dem Schulabschluss, zuwider. Hart und fleißig zu arbeiten, damit ich vorankam und nicht stehen blieb – das trieb mich an. Ich entwickelte so was wie Unternehmergeist, auch wenn es das in der DDR im kapitalistischen Sinne noch nicht gab. Meine Einstellung, das Anpackenkönnen und -wollen, die habe ich mir erhalten. Sonst stünde ich nicht da, wo ich heute stehe. Rein beruflich. Nur privat läuft es momentan nicht so geradeaus. Zehn Jahre Ehe liegen hinter mir, die ich mir echt hätte ersparen können. Nur meine Tochter natürlich nicht.

Ich muss an den Strand runter, mal durchatmen. Den Möwen zuschauen, das Meer rauschen hören. Schon zu DDR-Zeiten bin ich zweimal hier oben in Binz gewesen. Komisch, wie sich manche Dinge im Leben wiederholen. Das Meer ist meine Konstante. Auf die Ostsee ist Verlass, sie verschwindet nicht im Watt wie das Meer drüben.

Der Portier grüßt mich freundlich, als ich an seinem Tresen vorbeigehe. Ich nicke zurück. Wahrscheinlich spekuliert er auf ein Trinkgeld. Sei's drum. Ich trete nach draußen an die frische Luft. Linksrum oder rechtsrum, was ist wohl der kürzeste Weg? Kurzent-

schlossen stapfe ich los, vorbei an kauzigen Bungalows mit bunten Blumenrabatten unter Kiefern. Dann kommen die Touristenläden und Restaurants und die weißen Villen in typischer Bäderarchitektur. Das war schon früher schick. Weiter über die Düne und da ist es: das Meer.

Kilometerlang liegt der weiße Strand vor mir. Ich laufe los, ohne Ziel. Glücklicherweise sind nicht mehr allzu viele Touristen da, die Ferien und die Saison sind längst vorbei. Die Strandkörbe stehen verschlossen ausgerichtet in Reih und Glied. Nicht mehr in Richtung Meer wie in den Sommermonaten, sondern zur Promenade hin, damit nicht zu viel Sand hinein weht. Sie warten, bis sie für den Winter abgeholt und eingelagert werden. Vielleicht besorge ich mir irgendwann auch mal so einen Ostsee-Strandkorb und stelle ihn auf meinen Balkon. Fürs Feriengefühl.

Ich hatte mich im DDR-System gut eingerichtet, konnte mich so frei fühlen, wie es eben möglich war. Heute höre ich oft, damals sei alles scheiße gewesen. Die Unmöglichkeit zu reisen, die nicht vorhandenen Bananen – alles Klischee. Ich organisierte mir Bananen und Orangen. Genau wie alle anderen, die damals schon wussten, wie man effektiv arbeitet. Natürlich kann ich mich von acht bis sechzehn Uhr auf Arbeit hinsetzen und dann hinterher im Feierabend vor mich hin jammern. Genauso gut kann ich mich aber auch anstrengen, mehr arbeiten und Möglichkeiten finden, um was dazuzuverdienen. Und ein Netz von Bekanntschaften aufbauen, die mir behilflich sind, wenn es die Lage erfordert. Eine Hand wäscht die andere, schließlich wird immer mal was dreckig. So habe ich das immer gemacht. Deshalb hat es mir eigentlich nie an was gefehlt. Egal in welchem System.

Vielleicht war ich so was wie ein Chamäleon. Hab mich angepasst, je nachdem, wer gerade das Sagen hatte. Ich hatte die anderen im Blick und habe zugeschnappt, wenn sich was Gewinnbringendes ergeben hat. Gute Gelegenheiten sind mir immer sofort ins Auge gesprungen. Ich habe sie angenommen, ohne zu wissen, ob es klappt. Meine Entscheidungen traf ich aus dem Bauch heraus und sie waren immer richtig. Ich war eben flexibel, hab Dinge ausprobiert, die ich vorher noch nie gemacht hatte. Vor allem nach 1989.

Tja, sind es die großen Ereignisse, die unser Leben bestimmen, oder stellt die Weltgeschichte nur die Kulisse für das Stück, in dem jeder sein eigener Hauptdarsteller ist? Das erste Mal Weltgeschichte bleibt für mich die Wende. Damals war ich einundzwanzig und ziemlich naiv.

Der Blick von unten

Die Montagsdemos in Leipzig nahm ich als ein Happening wahr. Da gab es Zehntausende von Leuten, die ihren Unmut allwöchentlich zum Ausdruck brachten, die der DDR den Rücken kehrten, nach Freiheit und Demokratie und Veränderung riefen und eine Revolution vorantreiben wollten. Auch ich lief ein-, zweimal mit durch die Leipziger Innenstadt, jedoch eher interessehalber. Mir ging es schließlich gut, ich hatte ein respektables Einkommen und war durch und durch unpolitisch. Außerdem konnte man nie sicher sein, wer aus dem eigenen Umfeld für die Stasi spitzelte und einen verriet.

Und dann kam sie tatsächlich, die Wende.

Nachdem die Mauer offen war, fuhren mein Kollege Jörg und ich zu Jahresbeginn 1990 nach West-Berlin. Wir wollten herauskriegen, wie man im Kapitalismus eine Firma gründet. Was das für eine Firma sein könnte, war uns noch nicht klar. Wir sprachen Handwerker aus dem Westen an, die wir auf den Baustellen kennenlernten oder denen wir bei irgendwelchen Weiterbildungsmaßnahmen begegneten, und suchten ehrlichen Rat. Doch sie belächelten uns nur, wenn wir ihnen unsere mutigen Pläne vorstellten. Als wären sie die coolen Macher und wir die naiven Nichtsnutze. So degradiert zu werden, war hart für mich, aber die Kollegen aus dem Westen waren die, zu denen wir aufsahen. Die einen festen Stand hatten in der goldenen BRD, in der wir ebenso ankommen wollten wie sie. Es dauerte seine Zeit, bis ich begriff, dass die im Westen auch nicht mehr Ahnung hatten als wir, sich aber wesentlich besser darstellen konnten.

Auf der einen Seite hatten wir keine Ahnung vom rauen Kapitalismus, auf der anderen Seite nahmen sie uns schon deshalb nicht für voll, weil wir aus dem Osten kamen. Bürger zweiter Klasse. Und das ließen sie uns auch immer spüren. Es umwehte uns stets ein Lüftchen von Überheblichkeit. Dabei waren wir doch nicht dumm und faul im Osten, ganz im Gegenteil! Durch den Fall der Mauer entstand für mich eine vollkommen ungewisse Zukunft. Während der VEB Energieversorgung Leipzig relativ reibungslos in die Stadtwerk Wärmeversorgung und Anlagenreparatur Leipzig GmbH umgewandelt wurde, wurden viele Kombinate der DDR von der Treuhand zerfressen. Die Betriebe wurden auseinandergerissen und in Teilen an westdeutsche Investoren verkauft. Riesige Komplexe samt Tausenden von Mitarbeitern wechselten für wenige Mark und große Versprechungen den Besitzer. Der Westen hielt Einzug und die Belegschaft jubelte. Die, die kamen, würden schon wissen, was zu tun war.

Man hoffte auf Veränderung, auf neue Möglichkeiten. Was folgte, war die große Enttäuschung. Die neuen Besitzer zogen das verwertbare Vermögen aus den Betrieben heraus und machten die neu entstandenen Firmen gleich wieder dicht. Alles lag brach und verrottete. Und die Leute saßen auf der Straße. Den Betrieb, an dem ihr Herz hing, gab es nicht mehr.

Bewarben sich fähige DDR-Bürger bei der Treuhand um die Übernahme von Betriebsteilen, um sich auszugründen und etwas Neues anzufangen, wurden sie meist nicht berücksichtigt. Dass wir Ossis vorankamen und erfolgreich sein konnten, verhinderte somit die mächtige Organisation im Hintergrund. Zuschläge gingen fast automatisch an westdeutsche Anzugträger mit Krawatte. Weil sie aus Düsseldorf, München oder Bremen kamen. Einmal erlebte ich einen jungen Typen mit gegeltem Haar, der in einem 7er BMW vorfuhr und sofort den Zuschlag für eine Baustelle erhielt. So schnell konnten wir gar nicht gucken, wie der mit wehenden Fahnen wieder davonbrauste.

Jeder war plötzlich auf sich allein gestellt. Und mir kam so einiges in den Sinn, was ich machen konnte, um Geld zu verdienen. Ich kündigte 1991 bei den Stadtwerken, um die Chancen der neuen Freiheit nicht zu verpassen, und gründete mit meinem Kollegen Jörg eine Firma für Isoliertechnik. Er arbeitete noch bei den Stadtwerken und suchte ebenso wie ich nach einer neuen Perspektive.

Wir bewarben uns auf die vielen Ausschreibungen für den Aufbau Ost und verließen uns dabei auf unsere gute Ausbildung und Fachkenntnis. Umsonst. In der Regel bekamen wir nicht einmal eine Absage. Wir arbeiteten noch immer für Privatpersonen, Jörg brachte das notwendige Material aus den Stadtwerken mit und wir verbauten es am Wochenende. Unsere Firma ging schon bald den Bach runter und wir verloren uns aus den Augen.

Nachts lag ich oft wach und fragte mich, wie das alles sein konnte. »Wieso nehmen die uns nicht?«, ging es mir immer wieder durch den Kopf. Da sind wir montags auf die Straße gegangen, haben Friede, Freude, Revolution gemacht, damit die Wiedervereinigung kommt, und jetzt geht die Scheiße einfach weiter. Die Grenzen sind zwar offen, wir können auf einmal nach Frankfurt oder München fahren oder gleich durch die ganze Welt fliegen, aber uns fehlt schlichtweg das Geld dafür.

Chancenlos

Das Volksvermögen von 16,4 Millionen Ossis wurde 1990 verscherbelt und die Menschen gleich mit. Es war zum Verzweifeln. Für uns, die damals Zwanzig- bis Dreißigjährigen mit guter Ausbildung, Fleiß und Geschick, war das zum Kotzen. Wir wollten und durften nicht. Wir strampelten und wurden dafür belächelt. Erst nach und nach dämmerte uns, dass wir hier in unserer Heimat keine Chance hatten. Viele der Jungen gingen in den Westen. Da hätte man mich sicher auch gut gebrauchen können. Ich aber wollte nie weg aus Leipzig. Meine Generation ist anders, das spüre ich bis heute. Irgendwie haben wir einen Hau weg. Damals dachten wir, das sei eben der harte Wind des freien Marktes, der uns ungebremst entgegenschlug. Heute weiß ich, dass uns die neuen Herrscher Knüppel zwischen die Beine geworfen haben und wir es gar nicht schaffen konnten. Sie haben uns beim Straucheln zugesehen und dabei gelächelt.

Seitdem ist mir Geprotze und Scheinheiligkeit zuwider. Die Wessis ergriffen damals die Chancen, die der Osten bot. Ich hätte es wahrscheinlich genauso gemacht, hätte ich auf der anderen Seite gestanden. Trotzdem brachte mich diese Erkenntnis ein Stück weiter weg von den Menschen.

Die Wende zeigte mir, dass ich die Politik nicht beeinflussen kann, erst recht nicht den Lauf der Welt. Demokratie ist zwar ein schönes Wort, bei mir allerdings hallt es übel wider. Was heißt das schon, dass ein Bürger Mitspracherecht hat, dass er frei wählen und entscheiden darf, dass er den Schutz des Staates genießt, wenn er sich an die Gesetze hält? Alles blieb rein theoretisch. Wir Ossis hatten für diese Freiheit protestiert und konnten sie in den Anfangsjahren kaum nutzen.

Jetzt am Strand zerreißt mich die bittere Ironie dahinter nicht mehr. Damals brachte es mich fast zur Verzweiflung. Ich setze einen Fuß vor den anderen, gleichmäßig. Neben mir das unerschütterliche Rauschen der Ostsee. Es geht doch immer voran, immer voran. »Vorwärts immer, rückwärts nimmer!«, hat Erich Honecker schon gesagt, der Staatsratsvorsitzende unserer grauen DDR. Langsam geht die Sonne unter, morgen wird sie wieder aufgehen. Ich sollte langsam zurückgehen. Vielleicht liegt eine Kneipe auf meinem Weg. Ein, zwei Gläser Wein können nicht schaden.

Seitenwechsel

Ich musste dringend Geld verdienen. Mein Erspartes war nach der Währungsreform nur noch die Hälfte wert. Jörg und ich machten alle möglichen Geschäfte. Von Klempner- und Isolierarbeiten über den Versicherungsverkauf bis hin zur Vermittlung von Wohnungen. Als Laien verkauften wir irgendwelche Papiere, deren Inhalt wir nicht kannten, geschweige denn nachvollziehen konnten. Aber wir kassierten unsere Provisionen. Die ersten zwei Jahre nach dem Mauerfall war der Wohnungs- und Immobilienmarkt eine Katastrophe. So ziemlich jede Immobilie, die in Leipzig verkauft wurde, ging an Westdeutsche. Sie wurden bevorzugt, hatten entweder Rückübertragungsansprüche gestellt oder konnten die Häuser zu Spottpreisen erwerben. Ansprüche von Leipzigern wurden erst später bearbeitet. Selbst Anträge von denjenigen, die bereits im eigenen Haus wohnten, das ihnen weggenommen werden sollte, oder die das Haus kaufen wollten, in dem sie lebten, wurden jahrelang nicht bearbeitet. Wieder wurden die Ossis von den neuen Verwaltungen wie Bürger zweiter Klasse behandelt.

Ich konnte das nur schwer ertragen. So wollte ich nicht leben und arbeiten, ich wollte kein Mensch zweiter Klasse sein, kein kleines Licht, nur weil ich auf dieser Seite der Mauer geboren und aufgewachsen war. Meine Schwester Elke ging zum Arbeiten nach Bayern. Ich konnte die Wessis nicht besiegen, kam so nicht gegen sie an, also musste ich mir etwas anderes einfallen lassen, um zu gewinnen. Um überhaupt wieder irgendwie mitzumischen.

Ich überlegte, mir einen westdeutschen Partner zu suchen, der mir zeigen sollte, wie man im großen Stil an Kohle kommt. Dass das nicht immer ganz legal laufen würde, kalkulierte ich mit ein.

Bei meinen unzähligen Geschäften lernte ich die Firma SM-Industrieimmobilien kennen, die einem Herrn Müller aus Düsseldorf gehörte. Sein Auftreten war geschäftsmäßig, geradlinig, korrekt. Er beeindruckte mit seinem Fachwissen, er konnte reden und damit die Leute in seinen Bann ziehen. Er weckte Begeisterung. Und damit machte er Geschäfte. Vorerst baute ich die Sanitäranlagen in seine Häuser ein, nach und nach bezog er mich auch bei der Planung mit ein. 1991 wurde ich sein Compagnon: Während er in Düsseldorf saß und die Geschäfte leitete, vertrat ich ihn in Leipzig.

Herr Müller hatte zum Beispiel ein Projekt in Leipzig. Dabei handelte es sich um eine große Liegenschaft. Die plante er mit dem Kugelschreiber auf einem Blatt Papier und übergab seine Skizze an ein Planungsbüro, das seine Vorstellungen fachlich richtig umsetzte. Mit dem ausgereiften Grundriss samt Bebauungs- und Sanierungsplan ging er los und suchte Investoren, die Wohnungen oder Einfamilienhäuser bauen wollten, und verkaufte ihnen die Liegenschaftsparzellen. Alles musste recht schnell über die Bühne gehen, horrende Anzahlungen flossen auf sein Konto. Die Herren Investoren sahen ihre Chance. Doch weder das Grundstück gehörte Herrn Müller, noch hatte er je die Absicht, ein Stück Land zu bebauen. Auch das Planungsbüro bezahlte er nicht. Das Geld landete bei ihm und wurde zu einem hundertprozentigen Gewinn, mit dem er seine hohen Schulden aus früheren Geschäften tilgte.

Während unserer Zusammenarbeit erhielt ich immer mehr Einblick in seine Machenschaften. Das war alles recht schleierhaft, bis ich mal genauer hinschaute: Er reservierte die Parzellen, das wurde notariell beglaubigt, so den privaten und offiziellen Bauträgern vorgestellt, dann wurde ein Haus draufgemalt und die Parzelle verkauft. Herr Müller sah mich als Verbündeten und ging mir gegenüber ziemlich offen mit seinen Geschäften um. Von den Notaren erhielt er Rückenwind, sie mischten ordentlich mit.

Anfang der Neunziger machte Herr Müller in Leipzig jede Menge Geschäfte. Er war ein gewiefter Mann, der sich in der Wirtschaftswelt gut auskannte. Er hatte einen guten Riecher dafür, wo es sich lohnte, einzusteigen. Neben den SM-Industrieimmobilien besaß er noch andere Firmen, für die ich ihm Grundstücke besorgte und Handwerker organisierte, die die Bauflächen entwickeln sollten. Auch Geschäfte bahnte ich für ihn an. Meine Provision zahlten die Kunden an Herrn Müller in dem Glauben, der würde sie an mich weiterreichen. Ich bekam allerdings nie auch nur eine zugesicherte Provision zu Gesicht oder Anteile ausgezahlt. Es ging viel Geld hin und her, gesehen habe ich davon trotz wiederholter Versprechungen nichts. Ohne meine Kontakte aus Ostzeiten wäre in seinen Firmen gar nichts gelaufen. Ich rechnete mit Dankbarkeit oder wenigstens Fairness. Fehlanzeige.

Nachdem wir eine Weile zusammengearbeitet hatten, wollte ich offen mit Herrn Müller sprechen. Von redlicher Arbeit wollte ich ihn überzeugen und von einem fairen Geschäftsgebaren. Er nickte nur, änderte aber nichts. Dass ihm das schnelle Geld wichtiger war als seine Integrität, sollte ich erst gut ein Jahr später begreifen.

Im Herbst 1993 saßen wir uns gegenüber, als ich darauf bestand, endlich für meine Arbeit bezahlt zu werden. »Ich will jetzt sofort das Geld auf meinem Konto!«, rief ich aufgebracht. »Meine Reserven sind aufgebraucht. Ich bin frisch verheiratet und habe gerade ein Kind bekommen. Ich besorge hier das Geschäft und brauche das Geld! Dringend!« Ich war wahnsinnig wütend und schrie ihn an.

Ohne zu zucken nahm er den Telefonhörer in die Hand und wählte eine Nummer. Er sprach in den Apparat, fragte nach meiner Kontonummer und gab Anweisungen, mir ein ordentliches Sümmchen zu übertragen. »Zufrieden?!«, fragte Herr Müller und schickte mir ein vorwurfsvolles Lächeln rüber.

Ich ließ die Sache auf sich beruhen und machte weiter meine Arbeit. Nach vierzehn Tagen war das Geld noch immer nicht auf meinem Konto. Er versuchte mir weiszumachen, bei der Bearbeitung des Vorgangs sei ein Fehler aufgetreten. Er log mir offen ins Gesicht, da war ich mir sicher. Trotzdem meldete ich ihn nicht und erstattete keine Anzeige. Aus irgendeinem Grund glaubte ich noch an das, was er versprach.

Herr Müller hinterließ nur verbrannte Erde. Kurz nach unserem Gespräch verschwand er über Nacht und setzte sich nach Holland ab. Das musste er auf lange Sicht geplant haben. Als ich am nächsten Morgen in die Geschäftsräume kam, waren alle wertigen Sachen verschwunden, die Konten leer geräumt. Geahnt hatte ich das nicht, ich stand nur plötzlich vor den Leuten, die ihr Geld zurückhaben wollten.

Am Ende hatte Herr Müller von allem nichts. Kein Geld, kein Haus, kein Auto. Und seine Familie verlor er auch. Der war ein Blender. Und das hat über viele Jahre auch funktioniert. Er war zur rechten Zeit am rechten Ort, um skrupellos sein zu können und die Leute abzuziehen. Als ich das volle Ausmaß erkannte, wie er seine Geschäfte machte, lief es mir eiskalt den Rücken runter.

Moral, eine Floskel

Ich bestelle noch einen Wein in dem netten Laden an der Strandpromenade. Der Tresen und das Mobiliar stammen eindeutig aus den Neunzigern – lackiertes Holz, Chrom, türkis-gemustertes Polster –, während an den Wänden maritime Reliquien aus dem Osten hängen. Ich entdecke ein paar gerahmte Fotos, Momente einer längst vergangenen Zeit. Der Typ, der das Bier ausschenkt, scheint der Chef zu sein. Er taucht auf den Bildern mehrfach auf, mal jung mit Schnauzer vorm Laden, mal am Zapfhahn mit stolzgeschwellter Brust. Da klebt schon der Wernesgrüner-Schriftzug auf der Schankanlage, genauso wie auf allen Gläsern, Bierdeckeln, Stammtischaufstellern und den großen Sonnenschirmen draußen im Biergarten. Der Westen hielt auch hier Einzug und hat sich die Wirte eingekauft, die dann für ihn Werbung gemacht haben.

Dass Herr Müller, der Düsseldorfer Unternehmer, mich genauso wie seine Kunden über den Tisch gezogen hatte, überraschte mich damals, kommt mir heute jedoch wie eine logische Konsequenz vor. Fünf Jahre nach der Wende erst wurde mir klar, was es heißt, in einer Welt zu leben, in der Menschlichkeit, Stolz, Ehre und Charakter bloße Floskeln sind. Herr Müller gab mir einen Schnellkurs im westdeutschen Geschäftsgebaren – im Guten wie im Schlechten. Von ihm lernte ich, wie ich mich bewegen und verhalten muss, um überhaupt irgendwie erfolgreich zu sein.

Das Bescheißen übernahm ich allerdings nicht. Das war und wird nie mein Ansinnen sein, die Leute über den Tisch zu ziehen. Ich möchte meine Geschäfte möglichst nur mit einem Handschlag besiegeln. Das habe ich mir aus dem Osten behalten. Verträge sind mir sus-

*pekt. Ich will keine zwanzig Seiten ausfüllen, um minutiös festzu-
legen, wer welche Rechte und Pflichten hat. Mündliche Absprachen
sollten reichen, um die Geschäftspartner aneinanderzubinden. Seit
der Wende werden solche Geschäfte immer seltener. Das ist bis jetzt
noch nicht meine Welt. Verhandeln und Fallstricke in die Verträge
einbauen, damit dann später Strafen fällig werden, wenn der Gegenüber nicht aufgepasst hat, das will ich nicht. Ich bin ständig auf der
Hut, damit das mir nicht passiert.*

*Mit Herrn Müller hatte ich auch einen Vertrag, aber bezahlt hat
er mich nie. Bis heute habe ich Titel gegen ihn laufen. Die dreißigtausend Mark, die er mir noch schuldet, sehe ich wohl nie wieder. Meine damalige Empörung hallt bis heute nach. Ich bestelle mir einen
Schnaps. Küstennebel, das passt.*

*Durch diese Abzocke lernte ich Herrn Müller und seinesgleichen
hassen. Scheinheiligkeit und Egoismus, die über alle Ossis hinwegge-
trampelt sind ohne Rücksicht, die Geldscheine in der Hand. Das ist
die Seele des neuen Systems, das uns Freiheit und Bananen versprochen hatte. Diese frechen Lügen haben in mir die Saat des Zweifels
gesät. Nicht nur an Herrn Müller und den anderen Besser-Wessis.
Sondern an allen Menschen.*

*Ich begriff, dass die Menschen nicht von Natur aus gut sind, son-
dern Produkte ihrer Umwelt. Mir kam es so vor, als habe der Osten
die Menschen im Zaum gehalten und plötzlich, kaum war die Mauer gefallen, mussten sich alle anlügen, um voreinander besser dazustehen, um etwas darzustellen, was sie eigentlich nicht waren. Die
Menschen hatten keine Wahl. Der Zwang der neuen Zeit machte sie
dazu. In mir entstand damals das Verlangen, mich von alldem abzu-
grenzen. Ich gab mir selbst das Versprechen, niemals so zu werden
wie Herr M. aus D.*

Es ist spät geworden. Ich zahle.

*Nach einem todesähnlichen Schlaf wache ich am nächsten Mor-
gen auf und beschließe augenblicklich, mir das Frühstück aufs Zimmer zu bestellen. Unter Leute zu gehen, die mit Tellern klappern,
schmatzen und lautstark über die Ausflugsziele der Umgebung de-
battieren, wäre mir momentan mehr als unangenehm. Ich beginne
den Tag lieber allein und in Ruhe.*

Die Rezeptionistin garantiert mir nicht länger als fünfzehn Minuten Wartezeit. In der Woche wäre ich nach dieser Zeitspanne längst aus dem Haus gewesen und auf dem Weg zur Arbeit. Einen Kaffee kochen meine Automaten in unter dreißig Sekunden. Da kann das in einer Hotelküche nicht länger dauern.

Aber es ist Samstag. Andere sollen arbeiten. Ich bleibe liegen und warte.

Warenwirtschaft Kaffee

Nach der Müller-Pleite besuchte ich zusammen mit meiner Frau einen ihrer alten Schulfreunde in Berlin. Ich wollte dringend auf andere Gedanken kommen und Abstand gewinnen und freute mich auf den Kurztrip.

Während wir zusammensaßen und Hackbraten aßen, klagte ich mein Leid:»Das ist eine Rotze mit den Wessis in Leipzig! Ich gebe meine Kontakte her und tue und mache, und nichts bleibt hängen.«

»Verkaufe doch Kaffee für mich!«, schlug Bodo vor, dem meine direkte Art offenbar gefiel. Er war Chef der Dallmayr-Vertretung in Berlin.

»Ich bin Klempner, ich habe keine Ahnung von Kaffee«, wehrte ich ab, kam aber ins Grübeln.

»Du musst ihn doch nicht kochen, das machen die Automaten alleine. Du stellst sie nur auf und bestückst sie mit Kaffee, Wasser und Milchpulver.«

»Und wie soll das laufen?«, hakte ich nach. »Was fällt für mich dabei ab?«

»Das ist alles ganz einfach: Der Kunde wirft für jeden Kaffee fünfzig Pfennig in den Automaten. Am Ende der Woche holst du das Geld raus und bringst es zur Bank.«

»Das hört sich auf jeden Fall besser an, als ewig auf meine Provision zu warten.«

»Quelle wird demnächst in Leipzig ein Verteilcenter bauen, und wir haben den Zuschlag für die Automatenversorgung der Mitarbeiter bekommen. Ein Riesengeschäft. Von Berlin aus können wir das aber kaum leisten, ist zu weit weg. Deshalb schauen wir uns nach einem Partner vor Ort um.«

»Ich kann das machen!«, rief ich freudig. Endlich konnte ich die nächste Sache anpacken.

Nach einigem Hin und Her bekam ich 1994 eine Konzession von der Dallmayr Automaten-Service GmbH Berlin. Nun betrieb ich eine Art Subunternehmen und hatte den Auftrag, in Leipzig, Dessau und Umgebung Kaffeeautomaten aufzustellen und Kaffee an Büros zu liefern, auf eigenen Namen, eigene Rechnung, aber eben Dallmayr Kaffee. Ich musste lernen, wie ich eine Tonne Kaffee in Zwölf-Gramm-Portionen umrechne. Warenwirtschaft im Grammbereich ist etwas Besonderes. Ich bestellte Großportionen bei der Rösterei im Süden von Berlin, die Paletten mit Kaffee, Kakao, Milchpulver und Zucker wurden zu mir nach Leipzig geliefert, und ich verteilte sie auf die Automaten, die ich betreute, sackte die Einnahmen ein und rechnete dann mit dem Haupthaus ab. Die Frage war nun, wie erwirtschaftet man dabei Gewinn? Wann muss ein Automat neu befüllt werden? Wo sind gute Standorte?

Das alles brachte ich mir selbst bei und verdiente schnell viel Geld. Mit meiner Konzession in der Tasche stellte ich sofort einige Automaten auf und war somit an der Universität, am Flughafen und in mehreren Firmen präsent. Viele der Aufträge kamen direkt aus Berlin. Dallmayr expandierte. Neben den Berliner Aufträgen rief ich bei den ortsansässigen Unternehmen an und akquirierte neue Standorte. Ich hatte zwar keine Ahnung vom Automatengeschäft, sah aber meine Chance und stürzte mich voll rein.

Es hieß stets früh aufstehen und Arbeit, Arbeit, Arbeit. Damit ich alle Kunden rechtzeitig bedienen konnte, fuhr ich gegen sechs los in Richtung Innenstadt. Neben der Kundenbetreuung vor Ort und Akquise erledigte ich die Buchhaltung und die Abrechnung und koordinierte meine vier Mitarbeiter. Sie waren größtenteils Quereinsteiger wie ich. Feierabend machte ich erst dann, wenn alle Arbeiten erledigt waren. Das war manchmal bereits am Nachmittag, größtenteils erst nach sechs Uhr abends.

Dass ich meine Konzession gleich zusammen mit Quelle bekam, war wirklich großes Glück. So musste ich meinen Kundenstamm nicht erst nach und nach aufbauen. Dallmayr hatte im Osten sowieso einen guten Stand. Guter Kaffee war in der DDR eine Sehnsucht gewesen. Wir kannten ihn nicht aus den Geschäften, aber aus der Fernsehwerbung: das Münchener Traditionshaus, die Verkäuferinnen mit den gestärkten Schürzen, die frisch gerösteten Kaffeebohnen, über allem die fröhliche Klaviermusik und zum Schluss, wenn alle glücklich gucken: »Dallmayr Prodomo – vollendet veredelter Spitzenkaffee.« So was brennt sich ein. Das braune Pulver war für uns der Inbegriff von westlichem Wohlbefinden, von Luxus. Schließlich bekam nicht jeder Westpakete, die nach Lux-Seife und Kaffee dufteten. Meine Mutter auch nicht. Für viele blieb eine Tasse Dallmayr eine bloße Wunschvorstellung, die sich nach 1989 recht leicht erfüllen ließ.

Dieses Verlangen hielt sich beständig und war ein Grund dafür, warum Kaffeeautomaten so gut liefen. Und sie waren praktisch, weil sich die Leute jederzeit einen frischen Kaffee holen konnten. Das ging schnell und war unkompliziert. Keine auslaufenden Thermoskannen, keine lauwarme Plörre.

1700 gegründet, seit 1870 unter dem Namen Dallmayr, gehört das Unternehmen zwei Familien: der Familie Randlkofer und der Familie Wille. Wolfgang Wille, Sohn des Begründers der Kaffeeabteilung, entschied sich in den Siebzigern, ins Automatengeschäft einzusteigen. Für ihn eine Art Hobby. Irgendwann aber muss er sich seine Bilanzen genauer angesehen und gemerkt haben, welches Geld darin steckt. Er baute den Firmenteil aus, kaufte kleinere Automatenfirmen auf und immer mehr Automaten dazu. 1989 schnappte er sich gleich den Osten, ist seit 1995 Marktführer in Deutschland. Natürlich nicht nur Kaffeeautomaten, auch Getränke, Snacks, Eis – alles, was man sich vorstellen kann.

Dallmayr stellt für den Kunden den Automaten auf, bestückt ihn mit einem bestimmten Sortiment, besorgt immer wieder Nachschub. Die Abrechnung läuft über Dallmayr für den Kunden stressfrei und die Qualität stimmt auch. Dafür steht der gute Name.

Als ich circa zwei Jahre dabei und echt gut im Geschäft war, rief mich eines Tages der Schulfreund meiner Frau an. Nach einigem Geplänkel über geschäftliche Angelegenheiten fragte er verlegen: »Mario, kannst du mir Geld leihen? Es läuft gerade nicht so gut, ich brauche dringend Kohle.« Natürlich wusste Bodo, dass ich als Konzessionär auf eigene Rechnung eine ordentliche Stange Geld verdiente.

»Klar. Wie viel brauchst du denn?«, fragte ich.

»Fünftausend Mark, das müsste reichen.«

»Gut, ich überweise dir das Geld«, antwortete ich. »Bei mir liegt es eh nur rum.«

Er atmete hörbar aus. Da kam mir eine Idee.

»Aber ich möchte, dass das mit meinen Bestellungen bei Dallmayr verrechnet wird. Wenn ich bei dir für siebentausend Mark bestelle, schreibst du mir 'ne Rechnung für zweitausend und zahlst mir so nach und nach das Geld zurück. Ganz einfach.«

»Wie soll das gehen?«

»Wie du das machst, ist mir egal. Aber anders kann ich dir kein Geld borgen.« Durch meine Erfahrungen mit Herrn Müller, dem ich auch ständig privates Geld geborgt hatte, war bei mir die Erkenntnis gereift, nie wieder Geld zu verleihen. Schließlich hatte ich mir die Kohle auch erarbeitet. Wenn ich nun für einen Bekannten von meiner eisernen Regel abwich, sollte es wenigstens über die sicheren Geschäftskonten laufen. Damit ich mein Geld auf alle Fälle wiederbekam.

»Das kann ich nicht machen«, schloss er und legte auf.

Seit diesem Telefonat beschränkte sich unsere Kommunikation aufs rein Geschäftliche. Die freundschaftliche Basis war zerstört. Wir trafen kaum noch aufeinander, gingen uns förmlich aus dem Weg. Natürlich überlegte ich, ob ich Bodo das Geld einfach hätte leihen sollen, ohne eine Bedingung daran zu knüpfen. Schließlich war er es gewesen, der mich zu Dallmayr geholt hatte und sicherlich bei der Geschäftsführung ein gutes Wort für mich eingelegt hatte. Aber sollte ich ihm deshalb voll und ganz vertrauen können? Offensichtlich hatte er ja irgendwas falsch gemacht, sonst hätte er bei seiner Stellung in der Firma doch nicht ohne Kohle dagestanden.

Bodo ließ mich hier und da spüren, dass ihm meine Vorgaben nicht gefallen hatten. Wenn wir beim monatlichen Treffen der Niederlassungsleiter aus Schwerin, Dresden, Berlin zusammensaßen, ließ er mich immer wieder auflaufen. Bodo stichelte, ging mich an, ließ mich schlecht dastehen, wo es ging.

Eines Tages lud mich der Dallmayr-Chef Wolfgang Wille zu einem Gespräch ein und kam extra aus München nach Leipzig geflogen. Er wolle sich mit mir beraten, hieß es. Ich hatte keine Ahnung, worüber.

»Herr Lehmann, wie Sie sicherlich wissen, geht es der zweiten Konzession in Leipzig nicht gut«, begann er das Gespräch ohne Umschweife.

»Ich hörte davon«, antwortete ich abwartend.

»Bei Ihnen hingegen läuft es sehr gut. Sie haben sich, obwohl Sie nicht vom Fach sind, sehr gut in unser Geschäft eingefunden.«

Es schmeichelte mir, dass er das auch von München aus erkannte hatte. Offensichtlich hatte er seine Leute gut im Blick.

»Das Geschäft in Ostdeutschland ist profitabel, und wir wollen es uns, wie Sie sich vorstellen können, nicht entgehen lassen. Wenn ich Ihnen als gutem Geschäftsmann nun die zweite Leipziger Konzession dazugeben würde, hätten Sie plötzlich zweihundert Automaten mehr.«

Ich hörte heraus, dass er mir einen derartigen Machtzuwachs nicht ohne Weiteres zugestehen wollte. Wirtschaftlich wäre ich mit dieser Lösung unheimlich stark geworden und hätte in Zukunft ganz anders verhandeln können. Und Dallmayr hätte mir dann auch meine Konzession nicht mehr so einfach wegnehmen können.

»Herr Lehmann, ich will ganz offen zu Ihnen sein: Wir werden Leipzig 2 zeitnah in eine Niederlassung umwandeln. Das Potenzial dieses Standorts ist bislang nicht vollends ausgeschöpft. Natürlich wollen wir mit dieser Entscheidung unseren Umsatz steigern. Damit würden wir Ihnen jedoch jeden Tag über den Weg laufen.«

»Und ich hätte eine übergroße Konkurrenz aus dem eigenen Laden«, erwiderte ich erschrocken, »und das direkt vor der Haustür. Das könnt Ihr nicht machen. Dann bin ich in fünf Jahren pleite!«

»Die Konzessionsverträge lassen nicht zu, dass ich Ihnen ohne triftigen Grund kündige. Sie haben sich nichts zuschulden kommen lassen. Ihre Zahlen sind gut. Nun«, er machte eine Pause, »es gäbe durchaus die Option, Sie zum Leiter der Gesamtniederlassung Leipzig zu machen.«

»Und welchen Vorteil hätte ich davon?«

»Sie blieben im Geschäft.«

»Wie wäre es denn, wenn Sie mir meine Konzession abkaufen?«, pokerte ich, und das ziemlich hoch.

»Hm, das ist eine interessante Lösung«, erwiderte er. »Ich schlage vor, Sie lassen sich das Ganze durch den Kopf gehen und ich schicke Ihnen ein Rückkaufangebot für Ihre Konzession zu.«

Auch wenn ich erst etwas zögerte, nahm ich sein Angebot schließlich an. Wie besprochen, wurde ich 1996 Niederlassungsleiter mit zehn Mitarbeitern und zweihundertfünfzig Automaten, die ich verwaltete. Ab da fuhr ich einen Firmenwagen, hatte ein Firmenhandy und trat ganz anders auf. Schließlich war ich nun offizieller Vertreter einer international agierenden Firma, die immer weiter expandierte. Inzwischen gehörten auch die Snackautomaten in unser Portfolio. Ich leitete eine Niederlassung und Dallmayr stand voll hinter mir. Das stärkte mein Selbstvertrauen und ich ging viel bewusster auf die Kunden zu, konnte viel besser für die Firma und ihre Produkte werben. Ich stoppelte nicht mehr als kleiner Krauter vor mich hin. Meine neue Position öffnete mir Türen, an die ich vorher nie herangereicht hätte. Und ich konnte mir meine Arbeitszeit völlig frei einteilen.

1998 richteten wir zusammen mit Lufthansa Catering die Feier zur Grundsteinlegung der neuen Landebahn am Leipziger Flughafen aus. Dafür bauten wir auf der Empore des Gewandhauses in Leipzig für einen Abend ein Wiener Kaffeehaus auf mit allem, was dazu gehört. Die zweitausend geladenen Gäste waren begeistert, darunter die gesamte sächsische und sachsen-anhaltinische Hautevolee mit Ministerpräsidenten, Bürgermeistern und einem Konzentrat aus Schön und Reich. Ein rauschendes Fest. Durch solche Events zeigt Dallmayr Präsenz, macht Eindruck und gewinnt neue Kunden dazu. Das Tagesgeschäft wird angekurbelt. Dallmayr steht nicht umsonst ganz vorne bei den Kaffee- und Snackautomaten. Solche pompösen Veranstaltungen wie die im Gewandhaus sind die Highlights in meinem Beruf. Sie zeigen, dass ich als kleiner Handwerker mit den Großen mithalten kann. Wie selbstverständlich stehe ich zwischen ihnen, lächle, bin irgendwie ein Teil der Gesellschaft. Ich mache Small Talk, lerne neue Leute und Firmen kennen, erhalte Einblick in die verschiedensten Bereiche. Und wenn ich die Firmen kenne, kann ich meine Angebote auf sie zurechtschneiden und habe schon gleich einen Ansprechpartner, weil ich mit dem schon einen Kaffee getrunken habe.

Eigentlich braucht jede größere Firma zumindest einen Kaffeeautomaten, will sie ihre Mitarbeiter zufriedenstellen. Wer trinkt nicht gern einen guten Kaffee bei Dienstbeginn und holt sich einen Schokoriegel für zwischendurch? Und Dallmayr sind diejenigen, die das zu hundert Prozent bewerkstelligen können und flächendeckend arbeiten. Unser Name öffnet Türen. Wir liefern pünktlich, bestücken die Automaten zuverlässig, halten sie sauber und warten sie unverzüglich, wenn mal etwas klemmt. Die Kundenzufriedenheit steht für uns an erster Stelle.

Durch meine Leipziger Niederlassung betreiben wir heute, 2001, ungefähr dreihundert Automaten. Ein Automat hat eine Kapazität von sechs- bis siebenhundert Bechern, danach muss er aufgefüllt werden. Mein bester Automat steht am Flughafen Leipzig, der ist jeden Tag um siebzehn Uhr alle und macht einen Umsatz von etwa zehntausend Mark im Monat. Wobei ein durchschnittlicher Automat monatlich eher tausendzweihundert bis tausenddreihundert Mark bringt: Muss ein Kunde für einen Becher Kaffee fünfzig Pfennig bezahlen, ich aber zahle für die Bestückung nur fünfunddreißig bis achtunddreißig Pfennig, liegt mein Gewinn bei zwölf Pfennig. Pro Becher. We-

gen dieser Margen ist Dallmayr überhaupt ins Automatengeschäft eingestiegen. Liegt ein Automat weit darunter, haben wir
einen Fehler gemacht. Er steht am falschen Ort oder ist falsch
bestückt oder es gibt einen Imbiss um die Ecke. Dann heißt es
nachbessern, umstellen und neu verhandeln, um den Kunden
nicht zu verlieren.

Chamäleon

Endlich klopft es. Das wird mein Kaffee sein. Ich schwinge meine Beine aus dem Bett, fahre mir durchs Haar, schlappe zur Zimmertür. Auf, danke, zu. Zurück zum Bett. Ich balanciere das gut gefüllte Tablett auf die unbenutzte Bettseite. Nun hat sie einen Zweck. Heißer Kaffee dampft in der Tasse. Ich sortiere Obst, Brötchen, Marmelade, Käse, nehme mir den Teller, zerteile, schmiere, belege, lehne mich zurück. Nehme einen Schluck. Das tut gut, auch wenn es kein Dallmayr ist. Ich schmecke den Unterschied.

Als Ossi für ein westdeutsches Traditionsunternehmen zu arbeiten, hat mich immer ein Stück weit unter Druck gesetzt. Ich hatte stets das Gefühl, mich beweisen zu müssen. Natürlich gab es ein internes Bewertungssystem, Umsatzrückgänge mussten gerechtfertigt werden und Problematiken erklärt werden. Inzwischen bin ich angekommen, habe eine feste Stellung in der Firma, mein Wirkungskreis hat sich vergrößert. Keiner schaut mehr abschätzig auf mich runter. Ich liefere gute Umsätze, verdiene Geld, kann mir endlich wieder Dinge leisten, ohne auf den Preis gucken zu müssen. Natürlich muss ich Leistung bringen, Einbrüche rechtfertigen.

Dass Herr Wille damals sein Vertrauen in mich setzte und mir die Geschäftsführung für die Leipziger Niederlassung übergab, hat viel verändert. Ich bin ihm dankbar dafür. Seine Offenheit und Fairness beeindrucken mich bis heute. Er hat an mich geglaubt und ich glaubte wieder an das Menschliche. Sogar im Wessi. Ich wollte ihn nicht enttäuschen. Und natürlich wollte ich für mich selbst auch immer mehr: mehr Aufträge, mehr Kunden, mehr Automaten, mehr Kohle auf dem Konto.

Ich kann bis heute kaum glauben, wie viel Geld man mit Automaten machen kann. Das ist echt der Hammer! Seit letztem Jahr ist Dallmayr sogar europaweiter Marktführer. Das macht mich stolz. Denn ich bin ein Teil der Firma. Die ist zwar konservativ, aber edel. Wenn mich jemand fragt, für wen ich arbeite, sage ich gerne:»Für den vollendet veredelten Spitzenkaffee!« Und jeder weiß, was ich meine.

Im Geschäft kreist natürlich alles um die liebe Kundenzufriedenheit. Das ist nicht immer einfach. Selbst wenn alles gut läuft, kann ein einziger klemmender Becher das Vertrauensverhältnis stören. Die Stimmung kann schnell kippen und schon stehe ich als Niederlassungsleiter im Zugzwang. Ich rede, rödele, mache Angebote. Und habe doch immer häufiger das Gefühl, dass der Mensch eigentlich nie zufriedenzustellen ist. Der klemmende Becher bleibt im Kopf, egal, wie sehr der andere sich abrackert. Die Nadel im Heuhaufen wird immer wieder rausgesucht und es wird zugestochen.

Auch bei Dallmayr gibt es nicht nur nette Leute. Bodo zum Beispiel hat mich lange genug spüren lassen, dass ich ihm beruflich untergeben war. Er hat wohl erwartet, dass ich ihn kräftig dafür entlohne, dass er mir mal einen Gefallen getan hat. Unsaubere Geschäfte aber mache ich nicht mehr. So gut kannten wir uns nun auch wieder nicht, als dass ich ihm einfach Geld aufs Konto geschoben hätte ohne Rückversicherung. Dass er dann den Obermacker macht, hätte ich ihm gar nicht zugetraut. Aber das ist wohl gang und gäbe heute. Menschich verwerflich, klar, dieses Hierarchiegehabe.

Durch die Scheidung erfuhr ich, dass meine Frau Bodo das Geld hinter meinem Rücken geliehen hat. Ich weiß nicht einmal, ob sie es zurückbekommen hat. Selbst wenn, ist es schnurstracks auf ihr Konto geflossen. Die haben mich also beide kräftig beschissen, was mich echt sauer macht. Nie wieder werde ich irgendwem eine Vollmacht für meine Konten geben. Und wenn ich mit diesem Jemand jahrelang ins Bett gehe.

Alles nur Fassade

Als Claudia und ich uns 1991 kennenlernten, beeindruckte mich vor allem ihre Optik. Sie sah echt toll aus, wir konnten super miteinander reden und der Sex war auch okay. Wir waren beide dreiundzwanzig, als ich sie beim Rauchen vor der Tür von SM-Industrieimmobilien anquatschte. Ich arbeitete noch für Herrn Müller in Dessau und Claudia nebenan im Büro einer Fahrschule. Das Geld, das ich nach Hause brachte, beeindruckte Claudia. Ich lud sie zu einer Tasse Kaffee und ins Kino ein, machte ihr Geschenke, überraschte sie. Und ich hatte Spaß daran. Schon bald waren wir zusammen, aber echte Zukunftspläne schmiedeten wir nicht.

»Wir könnten ja heiraten«, schlug einer von uns nach einem Vierteljahr vor und der andere fand die Idee gut. Das lief wie bei einer Verabredung fürs Kino. Wir hatten vorher nie darüber gesprochen und schon standen wir vorm Standesbeamten. Ein Freund war unser Trauzeuge, eine Feier gab es nicht. Unsere Familien und Freunde nahmen es hin, seltsamerweise gab es keine komischen Kommentare zu unserer Entscheidung.

Claudia und ich heirateten ohne Sinn und Verstand. Wir wussten nicht wirklich, was wir da taten und welche Bedeutung es hatte, sich das Jawort zu geben. Wir hatten keine Ahnung, wie das Leben funktioniert, wie man den Tag strukturiert, wie man als Mann und Frau zusammenlebt und wer wir wirklich waren. Eigentlich waren wir noch auf der Suche nach uns selbst, war ja auch mittendrin in der Wendezeit. Alles war neu und aufregend. Es gab so viele Möglichkeiten. Und Claudia war eine davon.

Wir zogen in eine Neubauwohnung in Dessau. Nach und nach hörte ich auf, mich mit Freunden zu treffen. Das ergab sich von allein: Sie waren in Leipzig und damit irgendwie Teil einer anderen Welt. Ich richtete mich in einer eigenen ein. Abends blieb ich immer öfter zu Hause. Ich verlor das Interesse an all den Dingen, mit denen ich mich vorher gern beschäftigt hatte. Ich hörte auf zu lesen und Fahrrad zu fahren. Dabei hatte ich den Kopf freibekommen, war draußen und tat etwas für mich. Stattdessen fuhren Claudia und ich mit dem Auto durch die Gegend, lebten in den Tag hinein. Wir fuhren nach Berlin oder an die Ostsee, lagen am Strand und unternahmen so gut wie nichts. Jeder machte sein Zeug, ohne große gemeinsame Pläne zu schmieden. Ich wurde mental bequem und machte mir kaum noch Gedanken über mein Umfeld.

»Bist du glücklich?«, fragte mich mein Freund Hans einmal.

»Vielleicht«, antwortete ich.

Ich lebte, ich war jung und gesund, aber irgendwie war es nicht mein Leben. In der Firma hatte ich meinen Stand, machte Geschäfte als Mario, aber wer ich im Feierabend war, wusste ich nicht. Mein Alltag funktionierte. Es lief. Ich arrangierte mich. Aber ich ging nicht mit Vorfreude nach Hause, wenn ich Dienstschluss hatte.

Regelmäßig besuchten wir Claudias Eltern und Großeltern, die ebenfalls in Dessau wohnten. Wegen denen hatten wir uns hier eine Wohnung gesucht. So richtig warm wurde ich mit der Familie allerdings nie. Das war nicht mein Schlag Mensch. Ständig gab es irgendwelche Schuldzuweisungen, Neid und Hass. Sie waren grundlegend unzufrieden, niemand konnte es ihnen recht machen. Trotzdem planten Claudias Eltern unsere regelmäßigen Besuche und ich saß meine Zeit ab. Ich versuchte, mich aus den Unterhaltungen rauszuhalten und im Hintergrund zu bleiben. Was sie von mir hielten, war mir ziemlich egal. Vielleicht mochten sie mich sogar irgendwie, doch darauf legte ich keinen

Wert. Claudias Mutter war von Haus aus ein sehr unzufriedener, böser Mensch. Wahrscheinlich, weil sie ihr Leben falsch gelebt hatte und nun ihren Mann dafür verantwortlich machte. Und ihre Tochter. Claudias Vater war ein übler Besserwisser. Was er sagte, galt. Claudia hat's irgendwie ausgehalten, sie war das Verhalten ihrer Eltern gewohnt und stellte es nicht infrage.

»Warum kommst du nicht mit, Mario?«, fragte sie mich, als ich partout zu Hause bleiben wollte.

»Deine Eltern sind echt anstrengend. Ich will nicht mit ihnen an einem Tisch sitzen und so tun, als wäre nichts, wenn deine Mutter rum keift und dein Vater die ganze Zeit über andere Leute herzieht.«

»Übertreib nicht so.«

»Ich übertreibe nicht. Außerdem gibt es nichts, worüber ich mich mit denen unterhalten kann.«

»Das ist doch Quatsch. So schlimm sind sie nun auch wieder nicht.«

Ich bin dann immer seltener mitgefahren. Wenn's nicht anders ging, habe ich 'ne passende Ausrede gefunden – musste noch mal ins Geschäft oder auf die Baustelle. Oder ein Kumpel hat angerufen und wir sind kurzfristig was trinken gegangen.

Und dann war Claudia schwanger. Das war nicht geplant, wir hatten es nicht darauf angelegt. Entsprechend überrascht war ich, als mir Claudia sagte, sie habe ihre Tage nicht bekommen. Ein Kind? Unser Leben passte so gar nicht dazu. Claudia und ich stritten immer häufiger und gingen uns aus dem Weg. Hallo und Tschüss war der einzige Wortwechsel zwischen uns. Manchmal sahen wir uns mehrere Tage nicht.

»Wie stellst du dir das vor, so mit 'nem Kind?«, fragte ich sie.

»Keine Ahnung. Ich hab das auch noch nie gemacht.«

»Willst du das denn?«

»Ich kann's mir vorstellen.«

»Es müsste sich einiges ändern zwischen uns, damit das klappt.«

»Ich weiß.«

Wir gaben uns wirklich Mühe. Wir wollten unsere Beziehung wieder geradebiegen, das Kind war unsere Hoffnung. Meine Freude wuchs.

»Es wird ein Mädchen!«, sagte ich Claudia.

»Woher willst du das wissen?«, fragte sie.

»Ich weiß es einfach. Und sie soll Michelle heißen«, legte ich fest und meine Frau hatte nichts dagegen.

Der Ultraschall bestätigte mein Bauchgefühl. Ich begleitete Claudia zu den Untersuchungen und habe mich belesen, was den Entwicklungsstand des Babys und die Vorbereitungen für die Geburt und die Zeit danach betraf. Ich wusste zu dem Thema irgendwann mehr als Claudia.

Michelle kam Anfang September 1993 auf die Welt, und wir gaben die klassische Kleinfamilie. Jeder, der uns nicht kannte, nahm uns das auch ab. Ich war überzeugt davon, dass wir das hinbekommen würden, wenn wir uns nur zusammenrissen. Erst sehr viel später wurde mir klar, dass das ziemlich naiv war.

Michelle war ein anstrengendes Baby, zumindest für Claudia. Sie schrie, warf sich auf den Boden, schlief und aß nicht. Claudia war fix und fertig. Erst wenn ich aus dem Büro kam, beruhigte sich Michelle. Sie krabbelte auf meinen Schoß und hörte auf zu schluchzen. Ich konnte sie füttern, ohne dass sie sich beschwerte. Abends legte sie sich auf meine Brust und schlief sofort ein. Als müsste sie sich vom Tag ausruhen. Wir genossen beide die Nähe. Trotzdem fiel es mir nicht schwer, morgens zur Arbeit zu gehen. Nach einem Jahr besuchte Michelle ohnehin den Kindergarten und fühlte sich dort sehr wohl. Claudia und ich wechselten uns mit dem Bringen und Holen ab, je nachdem wie es unsere Jobs zuließen. Sie ging inzwischen wieder ins Büro.

Dann fand ich heraus, dass Claudia eine Affäre hatte, und wollte mich von ihr trennen, endlich einen Schlussstrich ziehen. Emotional traf mich diese Erkenntnis nicht, es war mir egal, dass sie einen anderen hatte. Vielleicht brauchte ich diesen Arschtritt, um endlich eine Entscheidung zu treffen. Doch Claudias Eltern redeten auf uns ein, dass das nur eine Phase sei, ein Ausrutscher, der jedem mal passieren könne. Dass wir nicht alles hinwerfen sollten deshalb. Dass wir doch Michelle hätten. Wir ließen uns einlullen und blieben zusammen. Aber es hat sich nicht mehr richtig angefühlt, wir lebten nebeneinanderher, jeder für sich.

Am Ende waren wir zehn Jahre zusammen. In dieser langen Zeit gab es viele Situationen, in denen ich mich über Claudia geärgert habe, aber auch zunehmend Situationen, in denen es mir völlig egal war, wo und mit wem sie sich herumtrieb und was sie machte. Dass sie vielleicht wieder fremdging, verletzte mich nicht. Es war mir schlichtweg egal. Ich nahm es hin, so war es eben. Gefühl gleich null.

»Unsere Ehe ist vorbei. Lass uns das Ganze beenden«, sagte ich Claudia eines Abends, als sie von der Arbeit kam und Michelle schon schlief. Ich war vollkommen ruhig.

»Ist das dein Ernst?«, fragte sie ungläubig.

»Absolut. Es geht nicht mehr. Das hier ist 'ne Katastrophe.«

»Und was ist mit Michelle?«

»Was soll mit ihr sein?«

»Bei wem soll sie wohnen?«

»Das kann sie selbst entscheiden. Sie ist alt genug.«

Wir reichten die Scheidung ein. Ich hoffte darauf, dass alles fair, sauber und ordentlich laufen würde, ohne Streit und Hickhack.

»Einer von uns muss aus der Wohnung ausziehen, das ist klar«, erklärte ich meiner Rechtsanwältin. »Wir teilen den Hausstand hälftig, die gemeinsamen Konten auch, damit keiner dem anderen irgendwas schuldig ist. Keiner muss Unterhalt zahlen oder Rentenpunkte abgeben. Keine Verbindlichkeiten mehr, ein klarer Schlussstrich. Aus, finito.«

»Gibt es auch schon eine Regelung, was Ihre Tochter betrifft?«, fragte sie. »Behalten Sie beide weiterhin das Sorgerecht?«

»Ich habe meine Tochter gefragt, was sie möchte. Mir ist es wichtig, nicht über ihren Kopf hinweg zu entscheiden.«

»Und was möchte sie?«

»Sie möchte eine Woche bei mir sein und dann eine Woche bei ihrer Mutter, immer im Wechsel. Damit das machbar ist und sie weiter in ihre jetzige Schule gehen kann, dürften meine Ex-Frau und ich nicht zu weit auseinander wohnen.«

»Und wäre das auch in Ihrem Sinne?«

»Klar, lässt sich alles regeln. Auf diese Weise sparen wir uns auch das mit dem Unterhalt.«

»Wenn sich der Aufenthalt des Kindes tatsächlich gleichmäßig auf beide Wohnsitze verteilt, dann ist keines der Elternteile unterhaltspflichtig, das ist richtig.«

»So habe ich mir das vorgestellt. So geht keiner dem anderen auf den Keks wegen irgendwelcher Geldforderungen. Und das Kind ist versorgt.«

»Gut, dann machen wir einen Termin mit der Gegenseite, um das durchzusprechen«, schloss meine Anwältin.

An besagtem Termin wenige Tage später kam ich wieder in ihr Büro. Ich war früh dran und setzte mich ins Wartezimmer. Und dann kam der große Hammer: Claudias Anwalt hatte eine Härtefallregelung beantragt.

»Das bedeutet, Ihre Frau empfindet Ihr Zusammenleben in einer Wohnung als unzumutbar«, erklärte mir meine Anwältin. »Nun muss das Familiengericht objektiv beurteilen, ob ein solcher Härtefall vorliegt und Ihnen das Aufenthaltsbestimmungsrecht für Michelle entzogen wird.«

»Unzumutbar?« Ich konnte es nicht fassen. Claudia behauptete also, dass sie es mit mir zusammen unter einem Dach nicht mehr aushalten würde? Dass Haushalt und Alltag sie kaputtmachen? »Das klingt ja, als müsste sie sofort ins Frauenhaus!«

»Nein, das muss sie nicht. Es geht allein darum, dem Gericht glaubhaft zu machen, dass es eine gütliche Einigung aufgrund desolater Zustände in Ihrem Haushalt nicht geben kann.«

»Aber wir wohnen doch noch zusammen, sitzen zusammen am Esstisch, schlafen in einem Bett, gehen mit Michelle ins Kino. Wir machen alles gemeinsam und mir ist nicht aufgefallen, dass sich meine Frau besonders quält dabei! Den ganzen Scheiß muss ihr ihr Anwalt eingetrichtert haben.«

»Er wird sie entsprechend beraten haben. Wir werden Einspruch einlegen.«

Ich atmete durch. In meiner Jugend wäre ich bei so einer Nachricht hochgesprungen und hätte Claudia die Haare angezündet. Davon war ich inzwischen weit entfernt. Ich war vollkommen ruhig, als Claudia und ihr Anwalt die Kanzlei betraten. Sie blickte mich nicht an. Ich war überzeugt davon, dass die ganze Aktion niemals funktionieren würde.

Nachdem die Standpunkte ausgetauscht waren, schloss Claudias Anwalt: »Frau Lehmann bleibt bei ihrer Aussage. Wir werden den Antrag nicht zurückziehen.«

»Wissen Sie«, sagte ich und lehnte mich ihm entgegen, »Sie haben zu DDR-Zeiten beim Waggonbau Dessau die Rechtsabteilung vertreten, waren also in jedem Fall ein Mitarbeiter der Staatssicherheit. Seien Sie also einfach still und halten Sie sich hier raus. Sollten Sie noch ein Wort sagen, springe ich Ihnen an den Hals.« Den Blick auf meine Frau gerichtet, setzte ich nach: »Jetzt kannst du dir ernsthaft überlegen, ob du das durchziehen willst. Dann gibt es Krieg bis in alle Ewigkeit. Oder wir einigen uns in die Richtung, die ich vorgeschlagen habe.« Ich stand auf und ging.

Ein Riesentheater!

Und dann fing sie an, die Warterei. Wann das Urteil in meinen Briefkasten flattern würde, war völlig offen. Störte mich allerdings nicht. Mein ganzes Leben lang habe ich abgewartet, Zeit investiert und geguckt, was der nächste Tag bringt.

In den folgenden Monaten gab's dann ständig Streit, jeden Tag, wegen Nichtigkeiten. Zwar wohnten Claudia und ich noch immer zusammen, doch ich schlief nicht mehr im Schlafzimmer, sondern im Wohnzimmer. Die Küche hatten wir aufgeteilt, jeder kaufte für sich selbst ein und besaß ein eigenes Kühlschrankfach, jeder kochte für sich und war für seinen Abwasch zuständig. Claudia unternahm viel mit Michelle und untersagte mir im Gegenzug, ebenfalls mit ihr wegzugehen. Irgendwann verging mir die Lust zu streiten und ich sagte gar nichts mehr.

Dann flatterte das Urteil auf meinen Tisch. Claudia wollte tatsächlich alles haben: die Wohnung, das Geld, das Auto, den Unterhalt für sich und für das Kind. Und ich sollte sofort ausziehen. Mein Wunsch, die Dinge ordentlich zu teilen, interessierte sie plötzlich nicht mehr. Auch nicht, dass wir alles gemeinsam angeschafft hatten. »So geht also eine Ehe auseinander«, dachte ich, »sie will alles, und ich soll komplett verzichten.« Ich war sprachlos. Das konnte doch nicht wahr sein!

»Wenn Sie jetzt ausziehen«, sagte meine Anwältin, »ist die Gefahr groß, tatsächlich alles zu verlieren. Dabei geht es auch um das Sorgerecht für Ihre Tochter und das Aufenthaltsbestimmungsrecht.«

»Wieso?«

»Wenn Sie freiwillig gehen, wird Ihnen womöglich vorgeworfen, das Kind im Stich gelassen zu haben. Das wirkt sich negativ auf eine Einschätzung Ihrer Rolle aus.«

»So ein Quatsch!«

»Natürlich. Andererseits dürfen Sie das Kind nicht einfach mitnehmen, ohne das alleinige Sorgerecht zu haben oder zumindest eine Genehmigung vonseiten des Gerichts. Sonst steht ganz schnell das Jugendamt vor Ihrer Tür.«

»Das war doch alles Kalkül!«

»Durchaus möglich. Wir kommen nicht umhin, die Verhältnisse grundlegend zu klären. Anders kommen wir an dieser Stelle nicht mehr weiter. Erst dann können Sie aus der Wohnung ausziehen.«

Claudia ging es gar nicht darum, das alleinige Sorgerecht zu bekommen, da war ich mir sicher. Sie wollte das Kind gar nicht, es ging ihr allein ums Prinzip. Der Anwalt wollte möglichst viel rausholen aus der Sache. Zwar verdiente Claudia als Verwaltungsangestellte in einem großen Möbelhaus nicht schlecht, doch sie sollte ruhig zu Hause bleiben, sich um das Kind kümmern und so viel Unterhalt wie möglich von mir einstreichen.

»Ich gehe davon aus, dass der Richter die Akte möglichst bald schließen möchte. Ihm geht es nicht um Ihre zwischenmenschliche Befindlichkeit, sondern um das Wohl des Kindes. Eine offizielle Regelung muss her.«

Und dann folgte Claudias Erkenntnis: Wir machen das doch so, wie du's vorgeschlagen hast, nämlich eine klare Teilung aller Güter ohne Unterhaltszahlungen, ohne Abtretung der Rentenpunkte. Fair.

Was bedeutet Glück?

Meine Scheidung ist eine echte Befreiung. Mir war klar, dass mir so etwas nie wieder passieren würde. »Alles, was du jetzt machst, wird anders sein«, sagte ich mir. »Alles wird so sein, wie allein du das willst.« Ich nahm mir vor, mich nur noch auf mich zu konzentrieren, mir Zeit zu nehmen, ganz bewusst. Und dann buchte ich dieses Wochenende auf Rügen. Nebensaison, ruhiges Hotel, Einzelzimmer. Perfekt.

Ich fege ein paar Brötchenkrümel von der Bettdecke. Das hat mich schon immer gestört: pieksende Überbleibsel eines Frühstücks im Bett. Claudia fand nichts dabei, hat sogar Kaffee und Saft auf den Kissen verkleckert. Und ich habe dann die Bettwäsche abgezogen und neue aus dem Schrank geholt. Wir passten überhaupt nicht zusammen.

Nun sind wir geschiedene Leute.

Zehn Jahre fremdes Leben liegen hinter mir. Das muss man erst mal schaffen! Total absurd: Ich habe mit einer Frau zusammengelebt, unzählige Tage und Nächte mit ihr verbracht, aber ich könnte sie einem Fremden nur schwer beschreiben. Ich kenne Claudia nicht.

Neulich habe ich irgendwo gelesen, bei neunzig Prozent der Leute, mit denen man zu tun hat, müsse man Kompromisse eingehen. Das sei gut fürs Zusammenleben, fürs Sozialgefüge. Aber muss sich eine Ehe auf Kompromisse gründen? Nein, muss sie nicht.

Wir waren damals viel zu jung, um zu heiraten. Wir steckten noch mittendrin in unserer Entwicklung, waren unwissend, noch nicht fertig und haben uns trotzdem zusammengetan. Was für viele ein Schutzschild wird, war für uns ein Deckmantel, der nicht recht passte. Unsere Ehe war ein Fehler, das ist mir heute klar. Schade nur, dass diese Erkenntnis so lange gebraucht hat. Ich hätte mir viele dumpfe Jahre ersparen können.

Nun bin ich klüger. Mit dieser Art Mensch gehe ich keine Beziehung mehr ein. Glück sieht eindeutig anders aus; meine Ehe hatte mit Glück nichts zu tun. Nur Michelle ist ein absoluter Glücksfall. Dass ihr Dasein irgendwas mit meiner Ex-Frau zu tun hat, blende ich aus.

Hätten wir nicht die Abmachung, dass ich dieses Wochenende für mich allein verbringe und auf jede Technik verzichte, würde ich meine Tochter jetzt anrufen. Ein bisschen quatschen, was sie so macht und wie es ihr geht. Wir konnten uns immer über alles unterhalten, über die Schule, ihre Interessen, ihre Freundinnen. Und auch über ihr erstes Verliebtsein. Unser Verhältnis ist fast freundschaftlich. Ich lasse ihr ihre Freiheiten. Ich gebe ihr Tipps, die sie annehmen kann oder nicht. Letztlich muss sie ihre Entscheidungen alleine treffen, aber eben auch mit den Konsequenzen klarkommen.

Im Grunde genommen ist mir meine Tochter ziemlich ähnlich. Sie hat vieles ausprobiert: Judo, Reiten, Trampolinspringen, um bald festzustellen, dass es sie langweilt. Und schon schmiss sie hin. Um lange durchzuhalten, war sie oft zu faul. In der Schule habe ich es ähnlich gemacht.

Claudia ist von nun an nur noch eine Person für mich: die Mutter meines Kindes. Aber Michelle macht es mir leichter, die letzten Jahre privat nicht als totale Verschwendung anzusehen. Sie bedeutet Glück für mich.

Es klopft an der Tür, obwohl ich nicht darum gebeten habe. Das Frühstück wird abgeholt. Es ist wirklich Zeit aufzustehen, die Sonne scheint durch die Fensterfront. Das ist ein schöner Tag. Ich werde noch mal zum Strand runtergehen. Diesmal in die andere Richtung laufen, auf die Seebrücke raus. Aber erst einmal unter die Dusche. Auf dem Weg ins Bad klingelt das Telefon. Wer ruft mich denn hier an? Keiner außer Michelle weiß, dass ich hier bin. Ihr wird doch nichts passiert sein …

Ob das Frühstück zu meiner Zufriedenheit gewesen sei, werde ich gefragt. »Sonst hätte ich mich doch beschwert«, *gebe ich zurück. Ob ich sonst mit allem zufrieden sei und vielleicht eine Wellness Behandlung buchen wolle. Ich wimmele die Frau ab, obwohl sie sehr freundlich tut. Diese Art der Freundlichkeit, nur um etwas zu verkaufen, ist mir zuwider.*

Am Telefonieren habe ich kein Interesse. Nur einer darf mich immer anrufen.

Männerfreundschaft

Ich lernte Hans bei Dallmayr kennen, kurz nachdem ich dort eingestiegen war. Er gehörte zu unserer IT-Abteilung und ich hatte deshalb hin und wieder mit ihm zu tun. Er guckte immer ziemlich grimmig, als sei er mit dem falschen Fuß aufgestanden und das jeden Tag. Irgendwie konnte er mit Menschen nichts anfangen. Wenn ich ihn wegen eines technischen Problems gerufen hatte, redete er kaum mit mir, friemelte am PC rum, wovon ich sowieso nichts verstand und ich ließ ihn machen. Es gab eine klare Aufgabenteilung. Viel Konversation gab es nicht zwischen uns. Trotzdem fand ich Hans echt sympathisch mit seiner griesgrämigen Art und quatschte ihn bei mehreren Gelegenheiten an. Das lockte ihn aus der Reserve. Bald fanden wir heraus, dass wir beide in Dessau und nur zehn Minuten voneinander entfernt wohnten. Wir verstanden, miteinander umzugehen, es gab keine Voreingenommenheit dem anderen gegenüber. Und wir waren uns darin ähnlich, dass wir keine Menschen brauchten.

Eines Tages klingelte mein Telefon und Hans war dran.

»Als ich heute nach Hause kam«, begann er zögerlich, »stand die Haustür offen. Ich ging rein, und überall lagen meine Klamotten verteilt. Das totale Chaos.«

»Einbrecher?«, fragte ich.

»Nee. Meine Frau ist weg.«

»Wie? Wie weg?«

»Sie hat all ihre Sachen mitgenommen. Hat ihre Taschen gepackt und ist auf und davon. Nach fünfundzwanzig Jahren Ehe.«

»Einfach so?«

»Ja.«

»Hattet ihr Streit?«

»Nein. Sie hat nichts gesagt. Keine Vorwarnung. Nun sitze ich da, alleine mit den Kindern.«

Sie reichte die Scheidung ein. Hans brauchte zwei Jahre, um den Schock zu verdauen. Er litt sehr viel stärker, als ich es bei Claudia je getan hatte. Seine beiden Jungs blieben bei ihm. Er hörte nie wieder was von seiner Frau. Immer wieder telefonierten wir miteinander. Er brauchte jemanden, der ihm zuhörte, und ich hörte ihm zu. War ich bei dem Notfallanruf vielleicht einfach der Erste gewesen, der ans Telefon ging, war ich nun eine echte Vertrauensperson. Auch wenn er zehn Jahre älter ist als ich, liegen wir auf einer Wellenlänge. Hans' Verlust schweißte uns zusammen. Gemeinsam ergründeten wir Sinn und Unsinn des Lebens, stellten unsere Theorien auf und quatschten stundenlang. Das tun wir noch immer, wenn es uns gut geht, oder wenn es mal schlecht läuft und wir uns bei jemandem auskotzen müssen.

Hans ist aus Dessau weggezogen und wohnt nun in Berlin. Ab und zu besuche ich ihn dort. Wir telefonieren weiterhin jeden Tag eine Stunde, gerne auch mal zwei oder drei. So sind wir nah dran am Leben des anderen. Zwischen uns gibt es eine andauernde Unterhaltung, querbeet. Über die unglaublichen Kollegen, die sich bei Dallmayr Posten geschaffen haben, die es vorher nicht gab, über die unsägliche Politik weltweit, über Fotografie, das Leben. Hans ist sehr bewandert in allem. Das bewundere ich. Unsere Gespräche bringen mich weiter. Seitdem wir uns kennen, gehe ich wacher durch die Welt. Das Einzige, was wir aussparen, sind unsere Ehen, das, was zu Hause und im Bett abgeht. Das ist unsere eiserne Regel. Claudia war nie Thema.

Inzwischen ist Hans mit Angelika zusammen. Auch wenn er sich nicht offen über sie und ihr Zusammenleben beschwert, so merke ich doch, wenn es klemmt. Dann ist er schweigsamer. Ich kenne Angelika. Sie ist keine Prinzessin auf der Erbse, eher eine Prinzessin auf dem Senfkorn. Die beiden kommen gut miteinander aus, aber sie plant alles von vorne bis hinten durch.

Für seine Ideen ist wohl manchmal nicht viel Platz. Dafür bin ich manchmal Hans' Ventil. Ich habe ein offenes Ohr für ihn und nach unserem Gespräch geht's ihm besser. Angelika weiß um unsere ehrliche, tiefgehende Freundschaft. Ob sie mich als Konkurrenz sieht, weiß ich nicht. Eigentlich verstehen wir uns prächtig, nur manchmal kommt eine Spitze. Das ist mir manchmal zu viel, aber Hans muss letztlich mit ihr leben und nicht ich. Sie überwacht ihn; merkwürdig häufig passiert es, dass sie genau dann auf einem anderen Apparat anruft, wenn wir beide miteinander telefonieren.

Hans hat eine bewegte Vergangenheit hinter sich.

Sprechen wir aus irgendeinem Grund mal drei Wochen nicht miteinander, bekomme ich E-Mails wie: »Hat man dich eingesperrt?« oder »Bist du tot?«. Bin ich natürlich nicht.

Zusammen

»Du wirst in deinem Leben bloß einen einzigen Freund finden«, hat mir mein Opa mal gesagt. »Dieser Freund wird dich dann den Rest deines Lebens begleiten. Alles andere sind nur Bekannte.« Kurz nachdem mein Opa mir diese Weisheit mitgegeben hatte, starb er. Das war 1989, vor gut zwölf Jahren. Wahrscheinlich hatte er recht. Für mich ist Hans dieser eine Freund. Am Ende gibt es nur wenige Menschen in unserem Leben, auf die wir uns tatsächlich verlassen können.

Auf Frauen kann man sich erst recht nicht verlassen. Sie halten immer Ausschau nach dem Vorteil, den eine Beziehung bringt. Wahre Liebe? Die gibt es wohl nicht. Die rosarote Brille vernebelt den Blick und man meint, jemanden fürs Leben gefunden zu haben. Jemanden, der einen begleitet und so nimmt, wie man ist. Aber eigentlich weiß man gar nicht, wie der andere ist. Weil man nur seine Oberfläche sieht. Und die verdeckt alles Schlechte.

Ich muss dringend unter die Dusche. Die Gedanken abwaschen. Und hinterher gehe ich noch mal an den Strand runter. Das Wellenrauschen und das Möwengeschrei sind Balsam für meine Seele. Das Meer spült alles weg, was war. Manchmal muss man wohl reinen Tisch machen, um dann neu anfangen zu können.

Morgen fahre ich zurück.

Parallelleben

Nach meiner Scheidung kündigte ich die große Wohnung und suchte Michelle und mir eine Wohnung mit zwei Zimmern ganz in der Nähe von Michelles Schule. So musste sie nicht so weit laufen und hatte weiterhin ihre Freundinnen in der Nähe. Ich richtete ihr ein Zimmer ein, damit sie sich zu Hause fühlen konnte. Unser Zusammenleben klappte gut. Jede zweite Woche samt Wochenende kam sie zu mir. Wir lebten einen ganz normalen Vater-Tochter-Alltag.

In den Wochen, in denen Michelle nicht bei mir war, kehrte ich in meine Jugend zurück. Ich machte nur das, was mir Spaß bereitete. Auch bei den Frauen: aussuchen, abschleppen, abservieren. Die Nächste. Ich musste ein bisschen Leben nachholen. Und ich wollte vor allem allein bestimmen, wie es lief. Was die Frauen fühlten, war mir egal. Sie waren alt genug, um zu wissen, auf was sie sich einließen. Ich war ein echtes Schwein in dieser Zeit.

Ich nahm das Leben, wie es eben kam. Und ich änderte meinen Blickwinkel. Während viele Leute glauben, sie müssten arbeiten gehen, um Geld zu verdienen und zu leben, beschloss ich, das Ganze umzukehren: Ich wollte leben und nebenbei arbeiten gehen, damit ich mir mein Leben auch leisten kann. Denn natürlich wollte ich meine Bedürfnisse nicht zurückschrauben. Nicht groß abwägen, ob ich mir was kaufe oder lieber die Finger davon lasse. Nach Claudia wollte ich dringend etwas ändern – und auf einmal lief's. Auf einmal war die Gesamtsituation eine andere.

Ich fing an, wieder über das Leben, die Geschichte, das Vergangene nachzudenken. Ich las wieder Bücher. Mein Leben bestand nicht mehr nur aus Aufstehen-Frühstücken-Arbeiten-Nachhausekommen-Schlafengehen und zwischendurch ein bisschen Aufregen. Diese Einstellung hatte mich zehn Jahre gekostet. Ich war dreiunddreißig und fing noch mal von vorne an. Wäre mir das schon früher aufgegangen, wäre mein Weg anders verlaufen und ich hätte zu diesem Zeitpunkt bestimmt ganz woanders gestanden. Doch rückgängig machen konnte ich natürlich nichts. Dann wäre ja auch Michelle nicht bei mir und das wäre furchtbar.

Meine Tochter erdete mich in dieser Zeit. Das Wechselmodell funktionierte, sie pendelte jeden Sonntag von Claudia zu mir oder umgekehrt. Während ich zweiwöchig abends und nachts die Möglichkeiten eines Mannes in den besten Jahren auskostete, war ich sonst der fürsorgliche Papa, der Geburtstage ausstattete, Gedichte abfragte, sich Mädchensorgen anhörte und zur Elternversammlung ging. Irgendwie lebte ich zwei Leben parallel.

Nach zwei Jahren beschloss Claudia wegen eines neuen Jobs von Dessau nach Magdeburg zu ziehen. Sie lebte inzwischen schon eine Weile mit einem anderen Mann zusammen. Als ich ziemlich klar zum Ausdruck brachte, dass Michelle bei mir wohnen würde, versuchte sie gar nicht erst, Einspruch zu erheben.

Auch meine Tochter hatte diesbezüglich genaue Vorstellungen: »Ich bleibe bei Papa. Hier sind meine Freunde, hier kenne ich alles. Und hier sind Oma und Opa. In Magdeburg habe ich nichts«, schloss sie und die Entscheidung stand. Michelle hatte sich ganz klar zu mir bekannt, als sie sagte, sie wolle lieber bei mir wohnen als bei ihrer Mutter.

Claudia packte ihre Sachen und verließ die Stadt. Es sah nicht so aus, als würde ihr diese Entscheidung besonders schwerfallen.

Michelle war elf, als sie vollends in meine Wohnung zog. Unser Zusammenleben lief meist ziemlich entspannt. Natürlich zeigte sie hin und wieder ihre pubertären Seiten, dann gab es ordentlich Stress zwischen uns beiden, aber das ging vorüber. Meist hatten wir viel Spaß zusammen, es war lustig, wir lachten viel. Sie brachte Freude ins Haus. Ich versuchte, ihr nicht allzu viele Vorschriften zu machen. Aber ich hatte Verantwortung für sie, das war mir vollends bewusst. Ich zog sie auf, war als Vater ihr Vorbild und trug dafür Sorge, dass es ihr gut ging. Wenn es die Situation erforderte, setzte ich mich mit ihr hin und erklärte ihr die Dinge, die ich tat oder entschied oder rigoros ablehnte. Meine Frauengeschichten hatten sich zu dieser Zeit wieder eingepegelt. Meine wilde Phase war vorbei. Ich hatte Katrin kennengelernt in einer Bar, in der ich am Wochenende arbeitete. Zwischen uns entspann sich ein typisches Tresengespräch, das darin endete, dass ich sie um ihre Telefonnummer bat.

»Hey, du meldest dich ja wirklich!«, sagte sie, als ich mich am nächsten Tag bei ihr meldete.

»Bist du überrascht?«, fragte ich zurück und musste schmunzeln.

»Hätte gedacht, du bekommst so viele Nummern zugesteckt, dass du nur jede Zehnte anrufst«, sagte sie.

»So viele sind es nicht. Du warst eben was Besonderes!«

Wir trafen uns dann immer öfter, sie lernte Michelle kennen und zog nach einem halben Jahr zu uns.

Vor die Ladentür

2002 las man in den Zeitungen, dass BMW in Leipzig ein neues Werk bauen würde. Natürlich warfen sich viele Bewerber ins Rennen, um erst die vielen Bauarbeiter und Handwerker und später dann die Tausenden Mitarbeiter zu versorgen. Schließlich schaffte es Dallmayr, den Auftrag an Land zu ziehen. Zuerst versorgten wir die Baustelle, später erstellten wir ein Konzept für den gesamten Betrieb. Das waren hundert Automaten plus Lager direkt am Standort.

Ich fühlte mich wie elektrifiziert von dieser logistischen und betriebswirtschaftlichen Herausforderung. Auch intern musste ich mich als Niederlassungsleiter Leipzig beweisen, denn ich arbeitete gegen die Überzeugung der bayerischen Vertriebler, dass es hier bei uns genauso lief wie in München, dass die Vorlieben der Automatennutzer dieselben waren wie im Westen. Und das stimmte nicht. Ich setzte mich durch. Ein Hammergefühl! Damit bewies ich mir selbst, dass ich es wirklich geschafft hatte. Das konnte mir keiner mehr nehmen. Ich war ein gemachter Mann. Mit einem solchen Kunden in der Tasche würde ich meinen Einfluss und meine Möglichkeiten ausbauen können.

Die Geschäfte liefen gut, es gab immer weniger Konkurrenz im Automatengeschäft. Meine zehn Mitarbeiter, die größtenteils von Anfang an in Leipzig dabei waren, und ich waren ein gutes Team. Wir veranstalteten Weihnachtsfeiern und Sommerfeste, nahmen als Mannschaft an Fußballturnieren teil. Ich ging gern ins Büro, es war ein nettes und verlässliches Miteinander.

71

Trotz meiner guten Abschlüsse entschied die Zentrale 2006, mir in mein Tun hineinzuregieren. Offenbar gab es unterschiedliche Vorstellungen dazu, was gute Geschäfte sind. Die Geschäftsführer aus München kamen nach Leipzig gereist, setzten sich bräsig an meinen Bürotisch und wollten mir erklären, wie ich fortan meine Arbeit zu machen hatte. Sie verlangten allen Ernstes, dass ich meine Art der ihren anpassen sollte. Als ob Leipzig in Bayern lag! Sie behandelten mich wie einen blöden Jammerossi, der keine Ahnung hatte.

»Wir sind hier aber nicht in München, Hamburg oder Berlin. Wir sind nicht mal in Dresden. Leipzig ist anders«, stellte ich fest.

»Dallmayr ist eine Marke, die durch Tradition und ihren guten Namen getragen wird – überall auf der Welt«, warf der eine ein und guckte mich herausfordernd an. »Auch hier in der ehemaligen DDR.«

Wut stieg in mir auf. Was glaubte der, mit wem er sprach? Über Jahre hatte ich dem Unternehmen gute Zahlen geliefert. Ich konnte den Standort nun wirklich am besten einschätzen!

»Wissen Sie«, begann ich, »die Mentalität der Leute aus der Messestadt ist nicht mit der von anderswo vergleichbar. Ihr könnt hier nicht einfach 'ne Schablone drauf drücken wie an jedem x-beliebigen Ort. Die Menschen hier sind besonders.«

»Das merkt man«, murmelte der andere.

»Wenn ihr das wirklich machen wollt, dann ohne mich.« Mit pulsierender Schlagader, aber nach außen hin seelenruhig legte ich das Diensthandy und den Büroschlüssel auf den Tisch. Ich stand auf, verließ das Büro und trat auf die Straße. Ein komisches Gefühl, vormittags den Laden zu verlassen, ohne einen Termin zu haben.

Menschen zählten für die Münchener Herren nicht, es ging allein um die Zahlen. Und die sollten immer und immer größer werden. Wer dabei auf der Strecke blieb, interessierte die nicht, weder das Söhnchen aus reichem Hause noch seine arschkriecherischen Gefolgsdödel, die noch immer in meinem Laden saßen. Jeder ist austauschbar, keiner unverzichtbar, das lernte ich jetzt. Es gibt eben keine Sicherheit.

Auf dem Weg nach Hause schoss mir blitzartig die Idee in den Kopf, mir eine Auszeit zu gönnen. Hatte ich das nicht immer schon vorgehabt? Jetzt war der beste Zeitpunkt. Ich wollte mein Leben wiederfinden, mich neu ordnen. Diesmal eben beruflich.

»Das Ding hat sich erledigt«, erzählte ich Katrin am Telefon. »Aber egal, es wird was Neues kommen.«

Während ich voller Zuversicht war, war sie am Boden zerstört. »Du gibst eine solch sichere Position auf, um auf irgendwas zu warten, das du gar nicht einschätzen kannst«, fing sie an. »Das war total unüberlegt!«

»In der Situation konnte ich nicht lange nachdenken, Katrin. Die haben das Messer gewetzt, um es mir dann in den Rücken zu rammen. Eiskalt«, erwiderte ich.

»Vielleicht hast du das falsch verstanden. Sicher wollten sie auch weiterhin mit dir zusammenarbeiten.«

»Definitiv nicht. Die wollten mich ausbooten. Haben mich wie einen blöden Ossi behandelt, mit dem man alles machen kann. Dass ich denen Geld eingebracht habe, und das nicht zu knapp, war dabei scheißegal.«

»Aber warum sollten sie das machen, die kennen doch deine Zahlen? Ich glaube nicht, dass sie mit dem Ziel hergekommen sind, dich rauszuschmeißen.«

»Das sah aber ganz anders aus.«

»Die wollten bestimmt einen Deal mit dir machen und du rennst da aus dem Laden und bist beleidigt.«

»So ein Quatsch! Du warst nicht dabei. Du hast die Wessis nicht reden hören. Als wären sie was Besseres! Sollen die doch in ihren Wald zurückgehen!«

Damit war das Gespräch für mich beendet. Katrin war offenbar enttäuscht. Konnte ich aber nicht ändern. Einen Rückzieher würde ich auf keinen Fall machen. Ich bekam meine Kündigung, wurde freigestellt bis zum Ende der Kündigungsfrist und erhielt eine annehmbare Abfindung. Und ich behielt das Firmenauto.

In den nächsten Wochen konzentrierte ich mich auf mich selbst. Ich machte mir keine Sorgen wegen der Zukunft, ging dem Schicksal entgegen. Kein Stress. Wenn Michelle in der Schule und der Haushalt erledigt war, ließ ich meine Seele baumeln. Ich schlief aus, ging raus, nutzte die Gelegenheit, mich mehr in der Natur aufzuhalten, fuhr wieder Fahrrad und besuchte alte Freunde. Es war Sommer, das Wetter herrlich.

Ich genoss die Zeit etwa ein Dreivierteljahr lang. Nicht jeder kommt so lange mit sich selbst aus, ohne dabei in Lethargie zu verfallen. Mich brachte die Ruhe weiter. Auf den Krawall im Hintergrund kann ich getrost verzichten.

Blauäugigkeiten

Damit die Muse nicht in Langweile umschlug, entschied ich mich 2006, mein altes Immobilienbüro wieder aufzumachen. Diesmal natürlich ohne West-Kompagnon, so jemand wie Herr Müller oder die Herren Spitzenkrönung konnte mir gestohlen bleiben. Ich verließ mich nur auf mich selbst.

Meine Idee war es eben nicht, Wohnungen anzubieten und dafür irgendeinen Käufer zu finden, sondern es andersrum zu machen: nämlich den Markt im Auftrag des Kunden abzugrasen und die richtige Immobilie für ihn zu finden. Als kundennaher Dienstleister. Und wenn ich die richtige Wohnung entdeckt habe und der Vertrag unterschrieben ist, streiche ich direkt die Provision ein, malte ich mir aus. So viele Menschen waren im Großraum Leipzig/Halle/Dessau auf der Suche nach einer Immobilie, Firmen suchten Büroräume – da sah ich meinen Markt.

Ich gründete die ML Immobilien, entwarf einen Slogan und schaltete Annoncen in der lokalen Presse und in Postwurfsendungen. »Ich finde die Wohnung, die zu Ihnen passt!«, warb ich.

Recht schnell konnte ich Erfolge verzeichnen, immer wieder meldeten sich Interessenten bei mir und ich machte mich auf die Suche. Bald fiel mir auf, dass es nicht an Interessenten mangelte, sondern an Wohnungen. Es gab einfach nicht das, was die Leute suchten. Sie brauchten eine bestimmte Größe oder Zimmeranzahl, hatten genaue Vorstellungen zur Gegend und zur Ausstattung. Fußbodenheizung? Vier Zimmer und Balkon? Ladenwohnung mit Gartenanteil? Das war auf Biegen und

Brechen nicht zu finden im Umkreis von siebzig Kilometern. Es war zum Verzweifeln!

So ausgebremst zu werden, obwohl ich zahlungswillige Kundschaft hatte, war echt blöd. Aber mir waren die Hände gebunden. Ich konnte ja schlecht Häuser aus dem Erdboden hervorzaubern, um sie dann gegen Geldbündel einzutauschen. Eine schöne Vorstellung, aber schwer zu verwirklichen. Meine Immobilienfirma ließ ich ruhen.

Schon bald kam ein Bekannter zu mir, der als Bauleiter arbeitete, und wir quatschten so über dies und das. »Du kennst doch das Dessauer Rathauscenter«, fing er an. »Da baut die Klamottenmarke Vero Moda einen neuen Laden auf. Die hatten einen Generalunternehmer, der dann aber hingeschmissen hat.«

»Okay«, sagte ich und war irritiert. »Und was hat das jetzt mit mir zu tun?«

»Ich dachte, du könntest den Ausbau leiten.«

»Ich? Wie kommst du denn darauf?«, wehrte ich ab. »Ich habe weder Ahnung vom Trockenbau noch von Elektroinstallation, Lüftung, Malern oder Fliesen.«

»Du musst die einzelnen Gewerke nicht beherrschen«, erklärte er mir. »Es geht nur darum, die Arbeit der anderen zu koordinieren. Du suchst Firmen, die die einzelnen Aufgaben dann ausführen. Du kontrollierst, ob die alles richtig machen. Und am Ende bezahlen wir dich für den fertigen Laden. Was du davon an deine Subauftragnehmer weitergibst, ist allein deine Sache.«

»Rechnen kann ich. Das hab ich bei Dallmayr gelernt.«

»Sehr gut.«

»Lass mich darüber nachdenken. Ich melde mich dann bei dir.«

In den folgenden Tagen machte ich mich bei diversen Handwerksfirmen schlau, die als Subunternehmen in Betracht kamen. Sie unterrichteten mich über Preise, Konditionen und die aktuelle Auftragslage. Ich kam zu dem Schluss, dass es sich für mich um ein einträgliches Geschäft handeln würde. Das, was mir Vero Moda für den fertigen Ausbau zahlen wollte, lag weit über dem, was die einzelnen Handwerker fordern würden. Also sagte ich zu. Katrin ging mit meiner Entscheidung mit.

Ein Jahr lang baute ich Läden in Potsdam, Jena und Erfurt. Es dauerte zwischen vier Wochen und drei Monaten, bis alle Gewerke durch waren und ich den Laden übergeben konnte. Ich war vollkommen blauäugig in dieses Geschäft hineingegangen, ahnte nicht, dass ich persönlich hafte, wäre der Laden nicht rechtzeitig fertig geworden. Es wären horrende Verzugszahlungen auf mich zugekommen, doch das las ich nicht heraus aus meinen Verträgen und es wies mich auch keiner darauf hin. Ich unterschrieb die Verträge, baute Laden um Laden, und irgendwie war ich auch immer rechtzeitig fertig.

Die Zusammenarbeit auf dem Bau funktionierte gut. Auf die Handwerker war Verlass. Ich war jeden Tag vor Ort und koordinierte den Einsatz der Gewerke, beauftragte die Materiallieferungen, besprach mich mit dem Centermanager und schlichtete Unstimmigkeiten. Ich hatte alles und vor allem das Ziel im Blick, schaute über den Tellerrand hinaus, plante weitsichtig. Machte ich Ansagen, kam man dem nach. Man nahm mir ab, dass ich Ahnung hatte von dem, was ich tat.

Es lief gut. Bis einige meiner Subunternehmer versuchten, das Geschäft hinter meinem Rücken selbst zu betreiben. Sie hatten vor, meine Auftraggeber zu kontaktieren, um mich als Zwischenposten rauszukanten.

Als ich durch Zufall durch den Bauleiter davon erfuhr, bot ich ihnen großzügig meine Hilfe an und versuchte, ihnen die Illusionen vom großen Geld zu nehmen.

»Ihr seid nicht in der Lage, so ein Projekt zu koordinieren. Ich sage das nicht, weil ich euch das nicht zutraue, sondern weil die Voraussetzungen für euch weitaus schlechter sind. Ihr müsst mehr machen, als nur mit dem Lieferanten zu sprechen. Ihr braucht ein Zeitmanagement, ihr braucht einen Architekten und ihr müsst die Fäden in der Hand behalten.«

Sie verhandelten dennoch hinter meinem Rücken mit meinen Auftraggebern. Das nahm ich ihnen übel, auch wenn sich mein Auftraggeber nicht auf die Einzelangebote einließ. Mir passierte bei dem ganzen Rumgetrickse zwar nichts, aber ich spürte schon wieder ein Messer im Rücken.

Und dann kam der letzte Abend in Berlin. Wir hatten im Alexa am Alexanderplatz gebaut, mitten in der Stadt. Auftraggeber des Centers war eine Firma aus Portugal, ein Neubau einer neuen Einkaufs-Mall. Alles hatte auch gut funktioniert, die Handwerker hatten gute Arbeit geleistet, der Laden sah aus wie auf den Zeichnungen, die Auftraggeber waren zufrieden. Nur ich nicht. Denn mir fiel plötzlich auf, als ich inmitten der Übergabefeierlichkeiten stand, dass ich meine Familie seit fast einem Jahr kaum gesehen hatte. Ich verdiente mit dem Job gut sechsstellig, aber Zeit hatte ich keine. Weder für mich selbst noch für Michelle oder für Katrin. Ich hatte nur gearbeitet, ohne Pause.

Am nächsten Morgen rief ich bei meinem Hamburger Auftraggeber an und sagte geradeheraus: »Ich hör auf. Es war schön mit euch, aber ich will nicht mehr. Tut mir leid. Was hilft mir alles Geld der Welt, wenn ich keine Zeit habe, es auszugeben?!«
Sie mussten akzeptieren. Und ich schloss das Kapitel ab.

Endlich was Eigenes

Nun hatte ich wieder Zeit für meine Tochter und für Katrin. Sie kümmerte sich wie eine Mutter um Michelle. Die beiden kamen gut miteinander aus und Katrin hatte es irgendwie geschafft, das Pubertätswirrwarr meiner Tochter zu händeln und unbeschadet zu überstehen. So viel Spaß wir miteinander hatten – mir fiel das nicht immer leicht.

Da ich mich nun wieder mehr um sie kümmern konnte, hatte ich auch sehr viel mehr Einblick in ihren Alltag. Michelle war inzwischen dreizehn, ging in die achte Klasse und entwickelte ihre eigenen Vorstellungen vom Leben. Wir hatten eine schöne Zeit, manchmal jedoch gerieten wir heftig aneinander. Nicht nur ihr Aussehen erinnerte mich immer öfter an ihre Mutter, auch ihr Charakter zeigte Parallelen. Sogar ihre Denkweise folgte manchmal den Mustern, die ich von meiner Ex-Frau kannte.

»Dann geh doch zu deiner Mutter!«, kam mir in den Sinn, wenn Michelle und ich uns stritten. Das war glücklicherweise nicht oft der Fall. Gab es schlechte Stimmung, gingen wir uns eher aus dem Weg, als dass die Fetzen flogen, zumal Katrin immer versuchte zu vermitteln.

Nachdem ich einige Zeit zu Hause verbracht hatte, schlug ich Katrin vor, ein Haus zu kaufen, es auszubauen und dann zu vermieten oder einzelne Wohnungen zu verkaufen. Ich wollte also einen Schritt weitergehen als bei der Immobilie aus Düsseldorf/Leipzig und mir die Grundlagen meines Geschäfts selber schaffen. Interessenten gab es genug, das wusste ich ja. Wir überlegten, wie ein Wohnhaus aussehen musste und welche Ausstattung es brauchte, um schnell zahlungsfähige Mieter und Käufer zu finden. Und wir dachten darüber nach, welche Lage auch langfristig gut war, wo die Anbindung stimmte und die Infrastruktur ausgebaut war.

Wohin würden wir ziehen und was müsste die Wohnung mitbringen?

Wir gründeten eine GbR, bestehend aus mir, Katrin und einer gemeinsamen Freundin, meiner Steuerberaterin Dagmar. Das Risiko war so auf sechs Schultern verteilt. Wir kauften ein Haus auf Katrins und Dagmars Namen. Sie war nun offizielle Besitzerin der Immobilie, während ich für sie bürgte. Das Haus hatte ich in einer Anzeige entdeckt. Es befand sich gegenüber des Landestheaters, und ich hatte augenblicklich ein gutes Bauchgefühl. Ich erkannte sofort sein Potenzial.

Ich koordinierte den Ausbau, kannte ja inzwischen genug Handwerker. Wir verkauften schnell die ersten drei Eigentumswohnungen und hatten so einen Teil der Ausbaukosten wieder drin. Die restlichen Wohnungen vermieteten wir zu einem Quadratmeterpreis über dem Dessauer Durchschnitt.

Alles lief wie am Schnürchen. Bis die Dritte im Bunde den Hals nicht vollkriegen konnte. Dagmar ließ in einer Wohnung mehr Ausstattung installieren als gewohnt und mietete dann ihre Tochter günstig ein. Sie beantragte bei der Bank einen Kredit über dreißigtausend Euro, die ich für den Ausbau veranschlagt hatte, wollte aber nur die Hälfte an mich durchreichen. Die anderen fünfzehntausend lagerten auf ihrem privaten Konto.

»So funktioniert das aber nicht mit mir«, wies ich sie zurecht. »Wenn du dreißigtausend Euro bei der Bank beantragst für die Sanierung, dann möchte ich das auch auf die Hand haben. Du hast schließlich einen entsprechenden Kostenvoranschlag von mir bekommen.«

»Das war ziemlich hoch veranschlagt. Ich dachte das, was übrig bleibt, hast du miteinkalkuliert.«

»Nein! Der Ausbau kostet nun mal so viel, da habe ich keinen Spielraum.«

Sie wollte es jedoch nicht einsehen. So konnte ich allerdings nicht weitermachen und entscheid mich dafür, nur noch für mich zu arbeiten. Auf solche Partner konnte ich getrost verzichten. Die Frauen hingegen arrangierten sich irgendwie.

Ich kaufte mir 2009 mein erstes eigenes Haus in einer ruhigen Wohnstraße in Dessau-Nord. Es war bereits durchsaniert vom landeseigenen Bauträger ohne das das Dachgeschoß ausgebaut wurde. Somit musste ich kaum etwas investieren, konnte die Wohnungen jedoch schnell wieder für einen guten Preis vermieten. Kaum fertig, wurde mir schon das nächste Haus angeboten, diesmal in Dessau-Ziebigk, nordwestlich der Innenstadt. Auch diese Chance ließ ich mir nicht entgehen. Ich arbeitete mit einer Architektin zusammen, mit der ich schon gute Erfahrungen im Ladenbau gemacht hatte. Wir verstanden uns gut und sie half mir beim Ausbau der Häuser.

Eines Tages meldete sich die städtische Wohnungsbaugenossenschaft bei mir und bot mir neben anderen Kaufobjekten ein großes Wohnbauprojekt an. Es gab auch andere Bewerber. Wie sie ausgerechnet auf mich gekommen waren, wusste ich nicht. Wahrscheinlich hatten sie von meiner Arbeit Wind bekommen, weil inzwischen bereits einige Häuser von mir saniert und flott vermietet worden waren. Ich schuf gut ausgestatteten Wohnraum, der in unserer Stadt Mangelware war. Vielleicht war ich aber auch einfach der einzige Verrückte, der sich auf ein solch großes Bauprojekt einließ.

Nachdem ich mir alles angehört und das Bauprojekt besichtigt hatte, stellte mir der Verantwortliche der Wohnungsbaugesellschaft die Pläne genauer vor. Ein großes Projekt: Auf einem großflächigen Grundstück standen zwei Häuser, die nur noch aus bröckeliger Hülle und marodem Dach bestanden und einer Komplettsanierung bedurften. Mir war ziemlich schnell klar, dass ich das unmöglich allein stemmen konnte. Ich brauchte einen Experten an meiner Seite, jemanden, der die Bauplanung übernahm, während ich für die Umsetzung zuständig war.

Ich bot Frau Kersten an, mit einzusteigen. Das war im Januar 2010.

»Wir bewegen uns jetzt hier in dem Bereich von fast einer Million«, ließ ich sie wissen. »Lassen Sie uns das gemeinsam machen. Wir gründen eine GbR, dann brauche ich Ihre Architektenleistung nicht zu bezahlen, sondern Sie sind direkt an den Einnahmen beteiligt.«

»Dann können wir meine Leistung als Eigenleistung darstellen.« Sie begriff sofort, wie ich mir das vorstellte. »Und Sie verdienen Geld.«

»Ich verdiene Geld.«

»Allen geht es gut«, fasste sie zusammen und willigte ein. Wir waren nun offizielle Geschäftspartner.

Der Ausbau lief reibungslos. Ich arbeitete ausnahmslos mit Dessauer Firmen zusammen. Frau Kersten und ich teilten uns die entstandenen Wohnungen fifty-fifty auf, jeder hielt also sechzehn Wohnungen. Kaum waren sie fertig, hatten wir sie auch schon vermietet. Das ging wahnsinnig schnell, wir mussten sie nicht mal inserieren. Alles schien perfekt. Die Mieter waren glücklich, die Stadt war glücklich, die Bank war glücklich. Und wir erst recht.

Nebenbei ersteigerte ich noch zwei Häuser allein und arbeitete parallel auf mehreren Baustellen.

»Kaufen Sie mir eine der Wohnungen ab?«, fragte mich eines Tages Frau Kersten.

Ich war irritiert. »Wieso denn das so plötzlich? Ist irgendwas schiefgelaufen?«

»Ja, meine Ehe. Ich habe mich von meinem Mann getrennt und muss ihn für das Haus, in dem wir wohnen, auszahlen.«

»Okay, das können wir machen. Dann besitze ich allerdings die Mehrheit der Wohnungen.«

»Das ist nicht schlimm«, sagte sie.

Wir brachten den Kauf über die Bühne, was relativ schnell vonstattenging. Ich musste die Wohnung nicht zwischenfinanzieren, sondern konnte Frau Kersten in bar auszahlen. Ich betrachtete die Angelegenheit damit als erledigt. Zwar besaß ich nun den größeren Anteil an dieser Liegenschaft, betrachtete

Frau Kersten jedoch noch immer als gleichrangige Geschäftspartnerin.

Und dann folgte der Schlag: Sobald der Kauf abgewickelt war, räumte sie alle Firmenkonten leer. Als meine Partnerin hatte sie ja die entsprechenden Vollmachten. Ihre finanziellen Nöte müssen weit größer gewesen sein, als sie mir beteuert hatte. Ich war stinksauer. Mehr als zehntausend Euro waren verschwunden. In diesem Moment kam mir zugute, dass ich der Bank gegenüber der bessere und solventere Kunde war. Sie sperrten die Konten für ihren Zugriff und ich ließ die Mieten umleiten. Seither betrachte ich Frau Kersten als Feindin. Wieder jemand, der mir das Messer in den Rücken gejagt hat.

Ich kontaktierte meinen Anwalt und schilderte ihm die Umstände.

»Klar, wir könnten jetzt alles einklagen«, sagte er. »Aber den Rechtsweg zu beschreiten, wird Sie Geld kosten. Und auch wenn wir den Fall gewinnen, wovon auszugehen ist, bleibt fraglich, ob und in welcher Höhe Frau Kersten Rückzahlungen leisten kann und wann.«

»Dann lassen wir's. Das Einzige, was ich habe, ist Zeit. Ich werde abwarten. Und irgendwann wird sich das Ganze für mich richten.«

Ich war überzeugt davon, dass sie ihr Fett noch wegkriegen würde. So verwaltete ich die Liegenschaft nun alleine, auch wenn Frau Kersten noch als Geschäftsführerin eingetragen war. Persönlichen Kontakt hatten wir keinen. Ich ließ ihr nur noch die allgemeinen Zahlen zukommen, informierte sie über Mieteinnahmen, Neben- und Instandhaltungskosten. Die Steuererklärung erledigte ich für sie mit, hielt sie dabei vollkommen außen vor. Die Einnahmen flossen auf mein Konto, wovon ich die Kreditverbindlichkeiten beglich, die Gewinne behielt ich ein. Aus der Haftung für das Haus war sie jedoch nicht entlassen, die Verantwortlichkeiten blieben bestehen.

»Sie dürfen erst wieder hier aufkreuzen, wenn das mit dem Geld geklärt ist«, ließ ich sie wissen.

Irgendwann versuchte sie, ihren Anteil auf dem freien Markt zu verkaufen. Ich riet ihr schwer davon ab. Wie ich bei einem Immobilien-Online Anbieter feststellte, rief sie einen horrenden Preis für ihre Wohnungen auf. Kein Wunder also, dass sie keiner haben wollte.

»Was halten Sie davon«, schlug ich Frau Kersten 2015 vor, »wenn Sie aus der Immobilie aussteigen? Sie überschreiben mir Ihre fünfzig Prozent der Anteile.«

»Das heißt, ich bin komplett aus der Sache raus?«

»Richtig. Ich übernehme alle Verpflichtungen, bekomme aber auch alle Einnahmen.«

Wirklich erfreut war Frau Kersten über meinen Vorschlag nicht, willigte aber schließlich ein. Damit war unser Arbeitsverhältnis beendet und ihr Name aus dem Grundbuch getilgt.

Ich übernahm den gesamten Wohnkomplex durch Notarvertrag. Bis zu diesem Zeitpunkt hatte ich kein Geld von den Geschäftskonten entnommen, sodass mir niemand etwas vorwerfen konnte. Ich hatte diesen Streit ausgesessen und am Ende stand ich als Sieger da. Meine Konten waren mittlerweile gut gefüllt.

Ich war nun also alleiniger Eigentümer dieser Immobilie. Jetzt machst du gar nichts mehr, habe ich mir gesagt, jetzt lehnst du dich zurück und legst die Füße hoch. Ab sofort wollte ich meine Immobilien für mich arbeiten lassen und dem Geldberg beim Wachsen zusehen. Meine Intention war es, mein Leben wieder in eine Bahn zu bringen, die gut für mich sein würde. Ich wollte keine Kompromisse mehr eingehen, weder geschäftlich noch privat.

Das nächste und letzte Haus wäre mir allerdings fast um die Ohren geflogen. Ich hatte es günstig erstanden, ein wirklich schickes, denkmalgeschütztes Haus in Wörlitz. Es war komplett sanierungsbedürftig, die Bäder, das Treppenhaus, ein Stück des Daches. Dabei musste ich mich streng an die Maßgaben des Denkmalschutzes halten. Ich erstellte eine Übersicht über die geplanten Arbeiten und holte Kostenvoranschläge ein, um eine Nachfinanzierung über knapp siebzigtausend Euro zu beantragen. Eigentlich kein großer Akt. Zwei Monate ließ sich die Bank

Zeit, um den Kreditantrag zu prüfen. Und dann rief ich meinen Berater in der Filiale an, um mal richtig ein Fass aufzumachen.

»Das kann doch wohl nicht wahr sein, Herr Elsper! Wir reden hier von läppischen siebzigtausend Euro. Der Kredit, den ich für den Hauskauf bei Euch aufgenommen habe, war zehnmal so hoch. Was dauert denn da jetzt so lange?« Ich war so frustriert und so genervt von alldem, weil ich mit der Sanierung einfach nicht weiterkam. Das Haus stand da und ich konnte nichts machen.

Der Berater versuchte, sich zu erklären, sprach von neuen Auflagen und Sonderprüfungen. Ich hingegen musste die Handwerker vertrösten, die fingen an, mit den Füßen zu trampeln und rum zu jammern. Die hatten den Auftrag eingeplant, brauchten das Geld.

»Ich muss mit dem Haus möglichst schnell fertig werden. Wenn das Geld morgen nicht in der Freigabe ist und am Ende der Woche auf meinem Konto, lasse ich alles platzen«, drohte ich. »Dann können Sie alle meine Immobilien an den Nagel hängen, dann höre ich auf, sofort!«

Er räumte ein, sich noch am selben Tag mit der zuständigen Abteilung in Verbindung zu setzen und nachzuhaken.

»Wissen Sie, ich habe keine Lust auf irgendeine Hinhaltetaktik. Sie sind mich als Kunden los, wenn das hier nicht zügig vorangeht. Das gebe ich Ihnen gern auch schriftlich«, schloss ich und legte auf.

Mir war total klar, dass ich hoch pokerte. Aber ich war echt bereit, die Bombe platzen zu lassen. Dass dann wahrscheinlich jede Finanzierung den Bach runtergehen würde, war mir in dem Moment scheißegal. In der Stimmung schrieb ich meine Mail an Herrn Elsper, die gleichzeitig an den Bankvorstand ging.

Am nächsten Morgen, Punkt zehn Uhr, klingelte mein Telefon.

»Es ist alles durch, Herr Lehmann, die Genehmigung für das Darlehen liegt vor. Spätestens Freitag können Sie über das Geld verfügen.«

Na, bitte, ging doch! Hatte ich mich also nicht zu weit aus dem Fenster gelehnt. Das war scharf an der Grenze gewesen, aber ich hatte mal wieder Glück gehabt. Wie immer: Ich hatte bei Dallmayr aufgehört, den Ladenbau hingeschmissen, hatte dies und das gemacht – und es war immer weitergegangen. Egal wie, ich hatte immer Glück. Warum sollte es hier anders sein? Ich hatte es jedes Mal gepackt, das Alte von jetzt auf gleich hinter mir zu lassen und etwas ganz Neues anzufangen. Aus dem Nichts heraus. Ich stand wohl auf der Sonnenseite.

Frauenwelten

Privat aber nicht immer, da ging es auf und ab. Nach Claudias Umzug hatten wir nur noch wenig Kontakt. Hin und wieder rief sie Michelle an, die mir davon erzählte. Aber tiefgreifende Gespräche waren das nicht. Was in ihrer Tochter vorging, was ihr wichtig war, welche Freundinnen sie hatte, wusste Claudia nicht.

Dass sie unsere Ehe im Nachhinein in den Dreck zog, erfuhr ich von Freunden. Das hat mich echt beschäftigt. Nie habe ich schlecht über sie geredet. Wir waren zehn Jahre Seite an Seite gewesen und nun behauptete sie, alles sei für den Arsch gewesen. Sie ließ kein gutes Haar an mir. Statt die Dinge gutzuheißen, wollte Claudia mir alles wegnehmen, auch die netten Erinnerungen an die gute Zeit. Die interessierte sie schlichtweg nicht.

Nun sind Menschen eben so. Liebe und Hass liegen eng beieinander. Viele können beides nicht voneinander trennen. Oder kennen beides nicht.

»Warum sollte man einen Menschen mögen«, überlegte ich, »der seine eigene Vergangenheit so verteufelt? Und warum sollte man ihm noch Vertrauen schenken, warum zusammen 'nen Kaffee trinken gehen wollen? Eigentlich sind doch diese Menschen nur noch des Hasses wert.«

Wie ich erfuhr, lief es in anderen Ehen oder Beziehungen ganz ähnlich: erst die Liebe, dann Enttäuschung und Verrat. Überall die gleiche Scheiße. Am Ende taugt der andere nichts mehr, obwohl man sich so lange alles bedeutet hat. Man erinnert sich nur noch an die schlechten Situationen, nicht mehr an die guten Seiten. Auf einmal ist der Partner ein Arschloch.

Als ich Katrin kennenlernte, sah alles wieder rosarot aus. Das Gesamtpaket Frau stimmte zu diesem Zeitpunkt. Wir entwickelten uns gemeinsam. Zusammen können wir alles schaffen, war unser Credo. Aber es musste klare Eckpunkte geben, damit eine Beziehung auch langfristig funktionieren kann.

»Wir werden nicht heiraten und wir werden auch kein Kind bekommen«, stellte ich schon gleich zu Anfang klar und Katrin ließ sich darauf ein.

Sie stand mir zur Seite, zog meine Tochter mit auf. Die beiden waren ein gutes Team, vor allem als ich geschäftlich so viel unterwegs war. Katrin war so etwas wie eine Ersatzmutter oder eher eine zweite Mutter, weil die erste nicht zur Verfügung stand. Die hatte sich ja nach Magdeburg abgesetzt. Ich war Katrin dankbar dafür, dass sie in dieser Zeit voll und ganz für Michelle da war.

Da privat alles wunderbar lief, wurden wir auch Geschäftspartner. Dann überlegte Katrin, ein eigenes Geschäft aufzumachen. Ich riet ihr auf jeden Fall zu und wollte sie finanziell unterstützen. Fast ein Jahr lang wog sie ab, hatte immer wieder Bedenken. Meine Beratung fruchtete nicht, obwohl ich nun wirklich viel Erfahrung hatte in dem Bereich. Man muss etwas wagen, um voranzukommen, ist meine Devise. Zwar wollte Katrin sich verändern, einen neuen Weg gehen, aber durchgezogen hat sie ihren Plan nicht. Sie wollte die Sonne sehen, aber eigentlich ganz viele Sonnenbrillen aufsetzen. Um sich zu schützen.

»So kann ich nicht mehr mit dir zusammenleben«, sagte ich ihr eines Tages. »Du möchtest etwas verändern, machst es aber nicht. Willst etwas erreichen und tust nichts dafür.«

»Das stimmt nicht«, widersprach sie.

»Doch, Katrin. Du redest immer nur die ganze Zeit. Und ich erzähle dir jeden Tag das Gleiche, immer und immer wieder. Das macht dich nicht glücklich und es macht mich nicht glücklich.«

»Soll ich etwa überstürzt entscheiden?«

»Nein, aber du musst eine Entscheidung treffen. Wir drehen uns seit einem Jahr im Kreis. Merkst du das gar nicht?«

»Doch. Aber es hängt so viel dran.«

»Das macht doch alles keinen Sinn mehr, Katrin! Unsere Beziehung geht daran kaputt. Vielleicht sollten wir uns trennen. Das wird wohl das Beste sein.«

Natürlich lief auch diese Trennung nicht ohne Streit und Emotionen ab. Bis wir uns zusammensetzten, um alles in Ruhe zu besprechen. Ich wollte es diesmal besser machen als mit Claudia. Schließlich hatte mir Katrin immer den Rücken freigehalten, wenn ich beruflich unterwegs war, hat auf Michelle aufgepasst. Dadurch konnte ich Geld verdienen gehen.

»Wir haben so viele Jahre unseres Lebens zusammen verbracht, da sollten wir eine Regelung finden, mit der wir beide gut leben können«, sagte ich.

»Da hast du recht.«

»Pass auf, du ziehst aus, suchst dir 'ne Wohnung, und ich zahle die gesamte Einrichtung für dich.«

»Okay.«

»Das Auto bezahl ich dir auch noch, löse den ganzen Ratenquatsch ab. Ich kümmere mich darum.«

»Okay.«

Ich wollte wirklich fair aus dieser Beziehung rausgehen, alles richtig machen. Nachdem Katrin ausgezogen war, die neue Wohnung hatte, alles easy war, gab es eine Situation, in der ich noch eine Unterschrift von ihr brauchte. Ich ging also zu ihr und legte ihr das Formular hin.

»Wofür brauchst du das?«, fragte sie.

»Es geht um das Sparkonto«, erklärte ich.

Das hatte ich damals angelegt, damit Michelle abgesichert gewesen wäre, wäre mir etwas passiert. Da meine Tochter jedoch noch minderjährig war, sollte Katrin als Verwalterin auftreten. Somit waren wir beide unterschriftsberechtigt.

»Du kriegst die Unterschrift, aber dafür möchte ich noch zehntausend Euro haben.«

Das konnte doch alles nicht wahr sein, meinte sie das ernst? Konnte sie den Hals tatsächlich nicht vollkriegen und wollte immer noch mehr, obwohl ich ihr schon so weit entgegengekommen war? Wie bösartig konnte ein Mensch denn sein? Ich war megaenttäuscht. »Zehntausend Euro für eine Unterschrift? Du spinnst.« Ich lächelte und kehrte Katrin den Rücken. Für Michelle eröffnete ich ein neues Konto, zog alles Geld rüber und hinterließ ein genulltes Konto.

Ähnliches hatte ich mit meiner geschiedenen Frau erlebt. Auch die hatte immer noch mehr gewollt. Es ging letztlich immer ums Geld, überall das Gleiche. Es war zum Verrücktwerden! Sie gab nicht einen Cent für ihre Tochter aus. Auch nicht für Michelles Jugendweihe. Ich kaufte ihr ein Kleid, ich schickte sie zum Friseur und ich ließ sie herrichten, wie sie es sich gewünscht hatte, aber Claudia machte nicht einen Finger krumm, interessierte sich für nichts, geschweige denn, dass sie irgendwas beisteuerte. Trotzdem stellte sie sich vor ihre Eltern und Verwandten hin, lächelte und sagte: »Habe ich nicht 'ne schöne Tochter?«

Hatte sie, aber eben keinen Anteil daran! Mir schwoll der Kamm. Wollten die Menschen eigentlich alles nur geschenkt bekommen? Sich im Glanze anderer sonnen und sich toll fühlen, anstatt sich selber zu bewegen und die Dinge anzupacken? Wieso wollten sie sich ausruhen, während ich arbeitete und vorankam?

Trotzdem blieb ich ruhig auf Michelles Jugendweihe, es war schließlich ihr Fest und das wollte ich nicht kaputtmachen. Was hätte es genützt, Claudia vor allen Leuten anzuschreien? Keiner hätte es verstanden. Die haben doch überhaupt keine Ahnung, worum es überhaupt geht, was soll ich ihnen denn erklären? Dass diese Frau zehn Jahre lang für ihre Tochter keinen Cent bezahlt hat? Dass allein ich mich gekümmert habe? Nein, ich wollte meiner Tochter wegen so einer Aktion nicht peinlich sein. Ich biss mir auf die Zunge.

Vater-Tochter-WG

Als Katrin 2010 auszog, war Michelle sechzehn Jahre alt. Sie befand sich mitten in der Pubertät. Eine intensive Zeit, die man als Vater mal mitgemacht haben sollte. Viel Chaos, viel Krach, aber auch ein Highlight.

Zu Anfang war sie noch mein kleines Mädchen gewesen und ich ihr Erziehungsberechtigter. Wir fuhren nach Leipzig in den Zoo, ich kaufte ihr Spielzeug und Playmobil-Reiterhöfe, sie mochte Reiten, Judo und Trampolinspringen. Ihre Interessen änderten sich mit der Zeit genauso wie die Beziehung zwischen uns beiden. Hatte sie anfangs noch zu mir aufgesehen, glaubte sie irgendwann gar nichts mehr von dem, was ich sagte. Ich versuchte, ihr die Dinge zu zeigen und zu erklären, aber sie hörte gar nicht richtig zu.

Katrin und ich setzten uns frühzeitig mit Michelle hin, um ihr verständlich zu machen, was es bedeutete, eine Frau zu werden. Welche Veränderungen sie an ihrem Körper wahrnehmen würde, was überhaupt anders werden würde. Mir war es wichtig, dass sie vorbereitet war. Damit sie keine Angst bekam, wenn sie das erste Mal ihre Tage hatte. Doch an dem Tag, wo es dann so weit war, hatte sie alles wieder vergessen. Die Lehrerin rief mich an, ich war gerade in Leipzig unterwegs, schilderte mir Michelles Gemütszustand, und ich schickte gleich Katrin los, um sie abzuholen.

Als ich abends nach Hause kam, saß sie da und weinte.

»Weißt du, Michelle, hättest du mir zugehört, wüsstest du, dass du nicht gleich stirbst. Dass du den ganzen Tag weinst, kann ich ja noch irgendwie nachvollziehen, aber dass du alles, was man dir sagt, ignorierst, geht gar nicht.« Als ich sie umarmen wollte, zog sie sich zurück. Aha, es wurde schwierig. Ratlos schaute ich zu Katrin rüber.

»Was machen wir denn jetzt mit dir?«, fragte sie, erhielt aber keine Antwort.

Wenig später kam Michelles Freundin vorbei und die beiden Mädchen verzogen sich ins Kinderzimmer. Katrin und ich tranken ein Glas Sekt, um den Schreck zu verdauen.

»Da reden wir wochenlang mit ihr über das Thema und dann so was«, sagte ich. »Das kann doch wohl nicht wahr sein!«

»Tja, so sind Mädchen eben in dem Alter. Gib ihr Zeit«, war Katrins Kommentar.

Zwei, drei Tage später war alles wieder easy, da musste Michelle schon wieder drüber lachen. Was lernte ich aus der Aktion? Mit einem pubertierenden Kind lässt sich nichts vorbereiten oder planen. Es kommt immer anders, als man denkt. Ich musste flexibel bleiben. das war ohl das Los eines Vaters.

Ich ließ ihr freie Hand. Meist hockte sie zusammen mit ihrer besten Freundin in ihrem Zimmer, selbst bei schönstem Sonnenschein. Wir unternahmen nicht mehr viel miteinander. Sie machte ihrs, ich machte meins. Aber das war okay so. Und es lief ziemlich harmonisch zwischen uns.

Manchmal, wenn ich meiner Tochter ins Gesicht blickte, sah ich ihre Mutter. Michelle hat viel von Claudia. Nicht nur äußerlich, auch in ihren Gedankengängen. Das hat es mir nicht immer leicht gemacht, objektiv zu bleiben. Manche Streitpunkte kamen mir bekannt vor, manche Reaktionen meiner Tochter katapultierten mich zurück in die Zeit meiner Ehe. Dafür konnte sie natürlich nichts. Also habe ich tief durchgeatmet und mir bewusst gemacht, dass Michelle ein eigener Mensch ist, dessen Wesen sehr viel besser ist als das ihrer Mutter. Sie war mein Mädchen und Katrin hat immer wieder betont, wie ähnlich sie mir ist.

Mit dreizehn Jahren hatte Michelle ihren ersten Freund, Dennis, den sie vom Judo kannte. Sie stellte ihn mir nicht sofort vor, brachte ihn aber schon bald mit zu uns nach Hause. Mir war natürlich klar gewesen, dass es irgendwann so weit sein würde, aber auch, dass ich den Typen äußerst kritisch beäugen würde. Wer was von meiner Tochter wollte, der musste erst mal an mir vorbei! Ich wusste schließlich, wie die Typen in dem Alter ticken.

Dennis lief nur kurz an mir vorbei, ins Gespräch kamen wir nicht. Auch Michelle verdrückte sich schnell und sagte nichts. Als wir wieder allein waren, platzte es aus mir heraus:»Michelle, ganz ehrlich, das ist nicht der Richtige für dich. Und der wird es auch niemals sein.«

»Woher willst du denn das wissen, Papa, du kennst Dennis doch gar nicht!«

»Ich kann dir genau sagen, wie das läuft: Er wird dir den Kopf verdrehen, mit dir ins Bett hüpfen wollen und dich dann, wenn er es geschafft hat, wieder fallenlassen.«

»Das stimmt nicht, so einer ist er nicht!«

»Ich sag weiter nichts dazu, aber nun kennst du meine Meinung.«

Sie war beleidigt, klar, hat nicht mehr mit mir geredet und sich heimlich mit Dennis getroffen. Aber am Ende ist alles genauso gelaufen, wie ich es vorhergesagt hatte. Auf mein Bauchgefühl war eben Verlass. Michelle war tieftraurig, als ihre erste Beziehung zu Ende ging. Katrin und ich versuchten wochenlang, sie zu trösten. Es hat ewig gedauert, bis Michelle sich wieder gefangen hatte.

»Du musst diese Erfahrungen selber sammeln, so hart das klingt. Du machst doch sowieso nur das, was du willst. Was ich dir erzähle, nimm als Hinweis oder Tipp, mehr kann ich nicht tun. Entscheiden musst du letztlich allein.«

Dann kam ihr zweiter Freund, das komplette Gegenteil vom ersten. Philip war zielstrebig, spielte neben dem Judo und Hockey, wollte Abi machen und danach studieren.

»Philip ist viel zu lieb für dich«, sagte ich.

Michelle runzelte die Stirn. »Willst du etwa sagen, ich sei böse?«

»Nein, natürlich nicht. Aber er ist zu sanft, zu ruhig, zu schüchtern. Er läuft dir hinterher und du spielst mit ihm. Irgendwann wirst du die Lust an ihm verlieren.«

»So ein Quatsch!«

Aber es kam genauso. Irgendwann sagte ich zu ihr, dass ich mich in Zukunft raushalten würde aus ihrem Liebesleben. Erst wollte sie nicht auf mich hören und widersprach, dann machte sie das komplette Gegenteil von dem, was ich ihr geraten hatte, und zum Schluss war sie tief betrübt und gab mir die Schuld an der Misere.

»Wenn du Fragen hast, beantworte ich sie dir gern. Du kannst immer zu mir kommen. Aber ansonsten werde ich meine Klappe halten«, versprach ich.

»Das schaffst du doch gar nicht«, antwortete Michelle und grinste.

»Doch. Denn du bist für deine Entscheidungen allein verantwortlich. Weißt du, ich habe mein ganzes Leben lang allein entschieden, da war niemand, der mir das hätte abnehmen können. Natürlich bin ich manchmal auf die Nase gefallen, ziemlich doll sogar, aber ich habe mich immer wieder aufgerappelt und war um eine Erfahrung reicher. Guck mal«, setzte ich nach, »letztlich hatte ich immer recht mit dem, was ich dir vorhergesagt habe, oder?«

Das will natürlich keiner hören, die Tochter nicht, die Freunde nicht, niemand. So ist es eben. Jeder ist seines eigenen Glückes Schmied. Auch Michelle wird ihren eigenen Weg gehen, wie auch immer der aussehen wird. Aber ich vertraue ihr. Sie ist schließlich meine Tochter.

Wir wohnten zusammen, bis sie zweiundzwanzig war. Es war eine gute Zeit. Wie in einer WG, in der jeder sein eigenes Reich hat und sein Ding machen kann, wo man sich aber auch trifft, zusammen kocht und gemeinsam Zeit verbringt.

Michelle begann ein Studium in Magdeburg und wohnte bei ihrer Mutter. Wie sie darauf kam, sich ausgerechnet Sozialpädagogik auszusuchen, war mir allerdings nicht klar.

»Das ist nichts für dich, lass das weg«, riet ich ihr. »Diese Sozialkompetenz wird dich nicht weiterbringen im Leben.«

»Doch, Papa, ich werde das machen«, widersprach sie. Sie hatte sich angewöhnt, immer das Gegenteil von dem zu tun, was ich ihr riet. »Ich bin erwachsen und kann selbst über mein Leben entscheiden. Misch dich nicht ein.«

Sie schaffte ein Semester und brach dann das Studium ab. Ich schlug ihr vor, Immobilienwirtschaft zu studieren. Da konnte sie hinterher noch die Immobilienfachwirtin machen, in meine Firma einsteigen und sie dann irgendwann übernehmen. Sie wollte darüber nachdenken.

»Okay«, ließ sie nach Tagen verlauten, »ich probier's.«

Wieder hielt sie nur ein Semester durch.

»Das ist echt ganz schön langweilig«, erklärte sie mir. »Ich habe mir überlegt, eine Ausbildung zu machen. Zur Versicherungskauffrau.«

»Und das ist dann spannender?«, hakte ich nach.

Michelle zuckte mit den Schultern.

»Gut, wenn das jetzt deine Sache ist, dann mach das. Ich werd's dir eh nicht ausreden können.«

Sie schloss die Ausbildung tatsächlich ab, war dann bei einer Zeitarbeitsfirma unter Vertrag und bekam schließlich einen Sachbearbeiterposten in der Pathologie im Klinikum Dessau, vorerst befristet, dann verlängert. Ihre Arbeit machte ihr Spaß. Manchmal hatte ich das Gefühl, sie genoss es, einfach frei zu sein von mir und meinen Ratschlägen.

Ihren nächsten Freund, mit dem sie bald zusammenwohnte, stellte Michelle mir nicht vor. Wahrscheinlich hatte sie Bedenken, dass ich meine Klappe nicht würde halten können, wenn wir an einem Tisch säßen. Wir trafen uns auf einen Kaffee ohne ihn und redeten.

»Weißt du, ich habe nichts gegen ihn. Er ist eben der Mensch an deiner Seite, das muss ich akzeptieren. Ich glaube aber trotzdem, dass auch er nicht der Richtige für dich ist. Du kannst ihn mögen, von mir aus auch heiraten und Kinder mit ihm kriegen.

Ich kann es dir nicht verbieten. Aber ich muss ihn nicht mögen. Es ist dein Leben und du musst mit ihm zurechtkommen.«
»Da hast du recht, es ist mein Leben. Und ich treffe die Entscheidungen.«
»Okay, wenn du mit ihm glücklich bist, dann sei mit ihm zusammen. Wenn du mit ihm ganz anders leben willst, dann tu das«, schloss ich. »Es ist nicht meine Aufgabe, dir alles vorzugeben.«

Viele Leute denken, dass der Partner oder die Partnerin anerkannt sein muss in der Familie, dass er oder sie mit offenen Armen empfangen werden muss, dass Sympathien fließen müssen. Davon machen sie ihr eigenes Glück abhängig. Ich bin da ganz anderer Meinung. Mir war das nie wichtig, was andere von meinen Entscheidungen und meinen Frauen hielten. Ich musste schließlich mit ihnen auskommen. Das Gleiche billigte ich Michelle zu.

Sie muss sich noch finden, ist noch nicht da, wo sie hingehört. Vorhandene Möglichkeiten lässt sie verstreichen, Chancen nutzt sie nicht. Manchmal verschließt sie die Augen, um sich aus ihrer Komfortzone nicht rausbewegen zu müssen. Sie wartet. Auf den richtigen Moment.

Mit dem Mieter am Grill

Nachdem ich 2014 die unsägliche Kreditgeschichte hinter mich gebracht hatte, die Bank das Geld überwies und ich das Haus fertigbauen konnte, lebte ich sehr entspannt. Ich wusste, dass ich nichts mehr tun muss und auch nichts mehr tun will. Ich hatte ausgesorgt. Die Häuser liefen von allein, die Mieten flossen auf mein Geschäftskonto, das ich mit niemandem teilen musste. Natürlich kümmerte ich mich um Instandhaltungs- und Ausbesserungsarbeiten, aber ich kaufte keine neuen Häuser mehr, geschweige denn dass ich welche sanierte und ausbaute. Ab sofort verwaltete ich nur noch.

Ich beschloss, mir die Welt anzuschauen, reiste nach Mauritius, Jamaika und auf die Seychellen, ließ die Beine baumeln. Ich dachte nicht mehr darüber nach, was ein Flug oder eine Hotelsuite oder ein Mietauto kosteten. Ich gab das Geld aus, ohne die Scheine zu zählen. Das kam natürlich immer auch meinen jeweiligen Partnerinnen zugute, die mich begleiteten.

Auf Jamaika lernte ich einen tollen Guide kennen, mit dem ich zwei Tage unterwegs war und der mich durch den Dschungel führte, fernab der Touristenwege. Wir unterhielten uns auf Deutsch, denn er war seit vielen Jahren mit einer Deutschen verheiratet. Mein Englisch war zwar einigermaßen passabel – in der Schule hatte ich nur Russisch und Französisch gelernt –, aber mir kam es entgegen, wenn ich nicht nach Vokabeln suchen musste. Der Guide und ich sprachen also über das Leben in all seinen Facetten. Er wusste viel über das Leben und die Menschen. Das beeindruckte mich nachhaltig.

Die nettesten und zufriedensten Menschen traf ich in Vietnam. Sie wohnten auf einem Fleckchen Erde, das mich in seinen Bann zog. Es herrschte dort eine so umfängliche Ruhe, die jede Art von Hektik im Keim erstickte. In Vietnam verlebte ich den entspanntesten Urlaub, welchen ich allein machte, überhaupt. Und dafür war das Reisen da: um abzuschalten, zu denken, sich inspirieren zu lassen. Um ohne Plan zu sein. Um das Glück in sich zu finden.

Natürlich ist ein solcher Urlaub immer nur ein paar Tage oder Wochen lang. Ein Zeitfenster, das es zu nutzen gilt, bevor der Alltag wieder über einen hereinbricht und die Lautstärke überhandnimmt. Die Menschen, die mir auf meinen Reisen begegneten, vermittelten mir einen Eindruck von der Kultur vor Ort, aber wirklich kennenlernen tat ich sie nicht. Möglicherweise war alles nur ein Spiel, jeder hatte seine Rolle und nutzte die passende Maskerade. Was ich lernte, war, dass mir das, was ich besitze, völlig ausreicht.

Durch meine Arbeit als Vermieter hatte ich viel mit Leuten zu tun. Natürlich mochte mich nicht jeder, aber mit meiner Ehrlichkeit bin ich eigentlich immer ganz gut gefahren. Einmal im Jahr lud ich meine Mieter ein, brachte einen großen Grill mit, schmiss eine Runde Bratwürste und drei Kisten Wein, und dann machten wir uns einen schönen Abend.

Als Vermieter bekomme ich einiges mit, was die Familiensituationen und Problemlagen der Leute in meinem Haus betrifft: Wenn es lauter wird, weil ein Paar im Streit mit Tellern schmeißt und dabei eine Glastür zu Bruch geht, wenn Familien auseinanderbrechen und plötzlich nur noch einer im Mietvertrag steht, wenn ein Mieter seinen Job verliert und nicht pünktlich zahlen kann oder wenn jemand stirbt. Natürlich liegt mir daran, möglichst bald eine Einigung zu erzielen. Meine Mieter sind schließlich diejenigen, die mir die regelmäßigen Einkünfte bringen, deshalb bin ich höflich, freundlich und kümmere mich. Trotzdem wahre ich eine gewisse Distanz, denn es handelt sich um eine Geschäftsbeziehung.

Es kam selten vor, dass Leute ihre Miete nicht zahlten oder unzufrieden waren. Einmal verkaufte ich eine Wohnung an zwei Damen, die ziemlich genaue Vorstellungen davon hatten, was am Rohbau geändert werden sollte. Sie verschoben Wände, vertauschten Räume, orderten Installationen und Sonderausfertigungen. Ich kam all ihren Wünschen nach. Nachdem sie eingezogen waren, flatterte jedoch eine ellenlange Mängelliste auf meinen Tisch. Ich ging Posten für Posten durch und beauftragte einen Gutachter. Das Ganze endete in einem Gerichtsprozess, der drei Jahre dauerte. Letztendlich kaufte ich die Wohnung zurück und vermiete sie bis heute.

Schein und Sein

Im Jahr 2010 lernte ich Jean kennen. Sie wurde die erste echte Liebe meines Lebens. Und sie zeigte mir, dass der Mensch ein Arsch ist.

Jean war Käuferin einer meiner Eigentumswohnungen, gehörte also zu meinem beruflichen Bekanntenkreis und war dreiundzwanzig, als wir uns über den Weg liefen. Zwanzig Jahre jünger als ich. Zu diesem Zeitpunkt befand sie sich in einer Beziehung, die der totale Rotz war. Ihr Typ passte sich an sie an, tat, was sie wollte, und war ihr hörig. Ich fühlte mich an meine Jugend zurückerinnert, in der das nicht anders gelaufen war. Auch ich war nicht immer nett und zuvorkommend gewesen. »Junge Leute sind eben so«, dachte ich mir.

Jean war mir sympathisch, ich mochte sie als Mensch. Sie war attraktiv und ein bisschen flippig, dabei doch bodenständig. Ein nettes Mädel, das noch einiges vorhatte. Sie hatte Pläne im Kopf und wollte doch immer beweisen, dass sie alles alleine schaffte. Nahm Jean tatsächlich Hilfe an, dann nur, wenn sie ihr tatsächlich nützte. Wir quatschten viel miteinander und schlossen irgendwie Freundschaft. Ich war anders als ihre Freunde, ihre Familie, die Bekannten, brachte andere Erfahrungen mit, und das reizte sie. Manchmal beschwerte sie sich, weil ich ihr so oft Ratschläge gab und sie an meiner Lebenserfahrung teilhaben ließ. Mit der Zeit erzählten wir uns immer mehr private Dinge.

»Katrin und ich haben uns auseinandergelebt«, verriet ich ihr.

»Dann solltest du dich von ihr trennen«, antwortete Jean.

»Uns verbindet sehr viel. Eine lange Zeit.«

»Und deshalb bist du noch mit ihr zusammen? Wozu soll das denn gut sein?«

»Gibst du mir jetzt echt Tipps, wie man eine Beziehung führen soll?«

»Manchmal merkt man ja selber nicht, wenn es besser ist, sich zu trennen. Von außen ist das vielleicht besser zu erkennen.«

»Dann sage ich dir, dass dein Typ auch nicht allererste Sahne ist.«

»Das weiß ich auch selber. Dirk ist ein Idiot. Aber er kann eben auch nett sein. Und dann kriege ich, was ich will.«

»Und dann bist du glücklich?«, hakte ich nach.

Sie musste nachdenken und nickte schließlich. »Irgendwie schon.«

»Reicht dir das? Bist du nicht auf der Suche nach echter Liebe?«

»Was soll das denn bitte sein?«, fragte sie verächtlich. »Wenn man jeden Tag in Harmonie zusammen verbringt und Herzchen in den Augen hat, wenn man sich anguckt? Gibt es so was überhaupt?«

»Glaubst du nicht daran?«

»Nee.«

»Schade eigentlich. Aber du wirst es nie rausfinden, wenn du weiterhin so mit den Männern spielst. Du hast echt die Gabe, die Menschen um den Finger zu wickeln. Das machst du unentwegt und merkst es wahrscheinlich gar nicht. Aber du bist schlau. Die Leute glauben dir einfach und du nutzt das aus. Bisher kommst du damit durch. Ich glaube aber, dass es irgendwann ein großes Desaster geben wird, aus dem du nicht mehr so einfach rauskommst.«

Das saß. Sie fühlte sich eindeutig ertappt, fing aber an zu lächeln. »Ach, alter Mann, das kann doch gar nicht sein«, war das Einzige, was sie dazu sagte.

Wie ich kurz darauf erfuhr, hatte sich Jean bereits vor unserem Schlagabtausch von ihrem Typen getrennt. Wir waren so was wie Freunde, auch wenn wir uns nicht allzu häufig sahen. Aber ich merkte, dass sich was veränderte zwischen uns.

Mal ignorierte sie mich, mal flirtete sie mit mir. Ein Hin und Her, das recht reizvoll war, ein Spiel, auf das ich mich irgendwann auch einließ.

Wir landeten im Bett durch einen Zufall. Eigentlich wollten wir nur ausprobieren, wie es im Bett so funktioniert mit uns. Wir wollten Spaß miteinander haben, ohne Verpflichtungen, einfach mal gucken. Ich fand Jean sexuell attraktiv. Aber an eine Beziehung haben wir dabei nicht gedacht. Aus der einen Nacht wurde eine zweite, dann verbrachten wir auch mal einen Tag zusammen, gingen aus, hielten Händchen. Aus purem Sex wurde dann relativ schnell wirkliche Liebe. Sowohl bei ihr als auch bei mir.

Alles, was ich vorher wusste über die Liebe, war totaler Quatsch gewesen. Das wurde mir durch Jean bewusst. Während ich bei Katrin die Idee, zusammen ein Kind zu haben, vollkommen abgelehnt habe, war ich bei Jean sofort einverstanden. Klar, sie war vierundzwanzig. Als das Thema Hochzeit auftauchte, sagte ich auch: »Okay, machen wir.« Ich war zu allem bereit. Es lief wunderbar zwischen uns, total entspannt. Ich lernte sogar ihre Eltern kennen.

Jean kam aus einem Elternhaus, das für sie selbst recht schwierig war. Von außen betrachtet, war das nicht unbedingt nachvollziehbar. Sie erzählte mir mal, dass sie immer das Gefühl gehabt habe, von ihren Eltern nicht geliebt zu werden.

»Das ist Quatsch, Jean, die lieben dich. Aber das, was du von deinen Eltern erwartest, können sie dir nicht geben, weil sie nicht wissen, was du brauchst und suchst. Sie lieben dich auf ihre Art. Das entspricht aber nicht zwangsläufig deinen Erwartungen.«

»Aber ich will doch nichts Komisches oder Besonderes.«

»Nein, aber du hast ganz klare Vorstellungen, wie sie sich verhalten sollen. Sie können nur so sein, wie sie eben sind.«

»Meine Schwester hat damit offenbar kein Problem.«

»Weil ihr eben ganz unterschiedlich seid. Sie braucht was anderes als du. Verstehst du?

»Weiß nicht.«

»Jeder hat seine eigene Art und Weise zu lieben, das geht nicht anders. Meine Mutter zum Beispiel. Die liebt mich auch, aber eben nicht so, wie ich mir das vorstelle, wie ich das brauche. Deshalb habe ich irgendwann emotional mit ihr gebrochen. Wir sind da nicht zusammengekommen und das muss ich akzeptieren. Sie ist zwar meine Mutter, klar, aber sie steht mir nicht nahe. Aber das ist okay für mich.«

Manchmal hatte ich das Gefühl, dass Jean zu mir aufschaute, besonders wenn ich ihr von meinen Erfahrungen erzählte und meine Schlussfolgerungen darlegte. Sie war klug und konnte mir folgen, aber es fehlten ihr eben zwanzig Jahre Leben im Gegensatz zu mir. Sie bewunderte mich wohl, was ich beruflich schon alles gemacht und ausprobiert hatte, und ich merkte, dass sie ebenfalls Ziele hatte und gesellschaftlich vorankommen wollte.

»Du kannst mit deinen Fünfundzwanzig doch gar nicht den gleichen Wissensstand haben wie ich mit fünfundvierzig. Aber du bist auf dem Weg dorthin. Du kannst von mir lernen, an meinem Leben teilhaben, aber du kannst nicht an derselben Stelle stehen wie ich. Du brauchst noch Zeit. Zeit für deine Entwicklung. Sowohl menschlich als auch beruflich, mit allem, was dazugehört.«

Sie wollte so viel, aber alles ging eben nicht. Das ließ sie manchmal ziemlich wütend werden. Eine schwierige Phase, die uns wahrscheinlich die Augen geöffnet hat, dass es nicht so einfach ist mit der Anziehung und dem tatsächlichen Zusammenleben. Das brachte eine Menge Konfliktpotenzial mit sich.

Ich nahm Jean oft mit, zeigte ihr viel und erklärte ihr, wie ich die Dinge anpackte. Dass ich arbeitete, ohne auf die Uhr zu gucken, konnte sie, die im öffentlichen Dienst arbeitete, aber nicht nachvollziehen.

Ich gebe zu, dass sie es manchmal ausbaden musste, wenn ich arg im Stress war und deshalb genervt. Aber es gab eben niemanden, der mir die Arbeit abnahm. Und am nächsten Tag war es dann vielleicht schon zu spät, um die Stellschrauben an einem bestimmten Objekt zu drehen. Bei einem Hausbau, wie das letzte im Jahr 2014 lief viel zusammen, ich musste an so vieles denken.

»Am Freitag gehe ich Punkt zwölf nach Hause. Wieso machst du das nicht genauso? Du bist doch schließlich dein eigener Chef«, sagte sie.

»Aber ich habe auch die alleinige Verantwortung für den Laden«, antwortete ich. »Wenn ich nicht arbeite, kommt kein Geld rein. Ich baue gerade ein Haus aus, da ist einfach sehr viel zu tun. Wenn ich nicht genau hingucke, dann machen die Handwerker, was sie wollen. Und die Rechnung bekomme dann ich. Ich kann nicht den Stift fallen lassen, nur weil der Zeiger auf die Zwölf rückt.«

»Wahrscheinlich bist du einfach nur neidisch, dass du nicht einfach aus dem Büro rausgehen und Feierabend machen kannst wie ich, sondern noch weiterarbeiten musst.«

Ich guckte sie an und sagte: »Weißt du was, Fräulein, ich muss gar nicht arbeiten. Dieses blöde Misthaus muss ich gar nicht mehr machen. Weißt du, ich kann mit dem, was ich habe, ganz gut leben. Ich könnte den ganzen Tag im Bett liegen, wenn ich möchte. So 'ne Diskussion brauch ich echt nicht. Ich soll neidisch sein auf deinen Job? Ist mir doch egal, wann du Feierabend machst. Du hast nicht mehr als ich, wenn man das nüchtern betrachtet.«

Wir guckten uns böse an und der Streit schaukelte sich immer weiter nach oben. Ein Wort gab das andere und wir arbeiteten uns regelrecht aneinander ab.

»Was willst du denn, Jean? Willst du nun groß und erwachsen sein wie ich oder weiter rumspringen in deiner Generation, der eigentlich alles egal ist? So wie Dirk zum Beispiel?«

»Was hat der denn damit zu tun?«

»Der war genauso alt wie du und hat dir nicht gutgetan. Nachdem ich dich da rausgeholt habe, hattest du wegen ihm dreißigtausend Euro Schulden mit dreiundzwanzig Jahren, wenn ich dich mal erinnern darf.«

»Nee, darfste nicht.«

»Du solltest mal ernsthaft überlegen, ob du diesen Weg weitergehen willst oder nicht. Wir sind in der Welt umhergereist, waren in Amerika, auf Zypern und in Ägypten oder sind zwischendurch einfach an die Ostsee gefahren. Dir ging es bisher nicht schlecht. Du musstest dich nie kümmern, geschweige denn bezahlen. Ich habe dich gern eingeladen. Aber das sind alles Sachen, die du vorher mit deinem Ex nicht machen konntest. Ihr hattet kein Geld, wart nicht in der Lage, euch ein ordentliches Leben aufzubauen. Und trotz alldem schwenkst du immer wieder in diese Richtung zurück. Kann ich nicht verstehen.«

»Es ist eben nicht immer alles toll mit dir. Du bist anstrengend. Ständig arbeitest du. Und dann soll ich dankbar sein, dass du mir Sachen schenkst oder mit mir in den Urlaub fährst. Das ist doch lächerlich.«

»Lächerlich? Ohne mich wärst du jetzt wo?«

»Aber ich hätte nicht so viel Stress!«

»Dann zieh doch aus.«

»Mach ich.«

Sie packte ihre Sachen und ging zurück in ihre Wohnung, die sie zusammen mit Dirk gekauft hatte. Aber wir kamen nicht voneinander los, waren emotional noch stark verbunden. Ich spürte, wenn es ihr schlecht ging oder wenn sie fröhlich war. Da waren Schwingungen zwischen uns, wir hatten den anderen immer irgendwie im Gefühl. Vielleicht waren wir so was wie Seelenverwandte. Aber es ging nicht so recht miteinander, aber eben auch nicht ohneeinander.

»Wir gucken einfach, was passiert«, schlug ich vor.

Während wir nicht so recht wussten, wohin das alles führen würde, ließ Jean auch ihren Ex-Typen immer wieder in ihr Leben. Sie traf sich mit ihm, das wusste ich.

»Er ist nur ein guter Freund«, erklärte sie und war vielleicht sogar selbst davon überzeugt.

»Okay, dann ist es halt so.«

Wir telefonierten stundenlang, gingen gemeinsam aus oder spazieren, verbrachten viel Zeit zusammen und fuhren in den Urlaub. Aber ein wirkliches Ziel hatten wir nicht.

»Jean, das geht so nicht, wir müssen was ändern«, sagte ich.

»Wie meinst du das?«, fragte sie.

»Wir befinden uns in einem luftleeren Raum, es fehlt die Luft zum Atmen. Du bist da, ich bin da, aber es geht nicht weiter. Wir müssen irgendeinen Konsens finden. Auch dazu, was wir den Leuten sagen.«

»Aber wir wissen doch selber gar nicht, was das mit uns sein soll. Wieso sollte ich das den Leuten erzählen? Das geht die gar nichts an.«

»Deine Eltern und Freunde aber schon. Die können doch ruhig wissen, dass wir noch Kontakt haben. Deine Lügerei hängt mir zum Halse raus. Das muss ein Ende haben, Jean!«

Wirklich einigen konnten wir uns nicht. Die Geheimniskrämerei ging immer weiter. Wir waren getrennt, aber noch zusammen. Es war alles wie immer. Wir fuhren nach Hamburg und nach Leipzig und beschenkten uns zu Weihnachten.

Ende 2016 erzählte mir Jean dann, dass sie im Januar mit ihrer neuen Arbeitskollegin in den Urlaub fahren würde.

»Klar, mach das, kein Problem«, sagte ich. Laura kannte ich zwar nur vom Hörensagen, aber ich gönnte Jean diese kleine Auszeit, schließlich war ich im letzten Jahr auch viel in der Welt umhergereist. Alles war geklärt, wir verbrachten Silvester und Neujahr zusammen und stießen auf die Zukunft an. Wie die aussehen würde, wussten wir noch immer nicht.

Am vierten Januar wollte Jean losfliegen. Ich setzte mich frühmorgens ins Auto und fuhr in ihre Wohnung, um ihr eine kleine Überraschung mit auf die Reise zu geben. Sie flog nach Kenia und ich hatte ihr für unterwegs ein bisschen Schokolade eingepackt mit einer Schleife drum. Außerdem wollte ich mich noch mal von ihr verabschieden und ihr einen tollen Urlaub wünschen.

Ich klingelte. Als sie die Tür öffnete, war mir schlagartig klar, dass sie mich angelogen hatte. Ich sah es in ihren Augen. Und sie sah, dass ich es wusste. Da war es wieder, das untrügliche Gefühl, was die Befindlichkeiten des anderen anbelangt. Es traf mich wie ein Messerstich in den Rücken. Gnadenlos, brutal.

Ich reichte ihr mein Geschenk, sagte: »Komm heil wieder« und machte auf dem Absatz kehrt. Sie blieb stumm.

»Wie konnte sie sich das noch trauen?«, ging es mir unablässig durch den Kopf. Immer und immer wieder.

Ein paar Tage später traf ich zufällig einen Kumpel in der Stadt. Er erzählte mir von Jeans Ex, der gerade in den alten Bundesländern unterwegs sei. Konnte natürlich auch Zufall sein, dass Jean und er ausgerechnet zur gleichen Zeit nicht in Dessau waren. Es meldete sich mein Bauchgefühl. Kurz vor dem geplanten Rückflug erreichte mich dann die Information, dass Dirk am Telefon erzählt habe, er stünde gerade am Flughafen. Also nichts mit Westdeutschland.

»Lass uns doch heute Abend treffen«, schrieb sie mir eine Nachricht. »Dann gehen wir was essen und ich erzähle dir ein bisschen vom Urlaub.«

Natürlich ahnte Jean nicht, dass ich längst wusste, dass sie statt mit Laura in männlicher Begleitung gereist war. Ich sagte zu. Mal sehen, wie sie sich wand, wenn ich gezielt Fragen stellte.

Nun hatte sie mir verraten, dass sie über Frankfurt zurückkommen würde. Vom Flughafen aus wollte sie den Zug nach Leipzig nehmen und von dort aus nach Dessau weiterfahren. An dem Tag hatte ich geschäftlich in Leipzig zu tun und wollte mir den Spaß machen, mich an den Bahnhof zu setzen und abzuwarten, wer aus dem Zug aus Frankfurt stieg. Den ersten verpasste ich dummerweise knapp, die Chancen waren also fifty-fifty, die beiden zu erwischen.

Ich setzte mich auf den Bahnsteig, trank einen Kaffee und wartete, dass der ICE einfuhr. Die Türen öffneten sich, die Leute liefen durcheinander, überall waren Reisende und ihre Koffer. Und plötzlich sah ich sie, wie sie gemeinsam aus dem Zug stiegen. Da war es mit einem Schlag real.

Ich ging nicht zu ihnen. Was hätte ich auch sagen sollen? Hätte ich Jean eine Szene machen sollen? Dem Typen Prügel androhen? Wir waren ja gar nicht zusammen. Hatte ich überhaupt irgendwelche Ansprüche auf sie? Was mich allerdings so richtig ärgerte, war, dass sie mich so schamlos angelogen hatte. Das nahm ich ihr wirklich übel. Denn sie wusste, dass ich total misstrauisch bin, dass ich den Leuten nicht sofort vertraue, das bedarf Zeit. Und dann das.

»Egal wie, ich finde sowieso raus, wenn du mich anlügst«, hatte ich ihr mal gesagt, denn es fiel ihr nicht sonderlich schwer, Unwahrheiten zu erzählen und die Realität zu verdrehen, wie es ihr passte. Ich wusste das, glaubte aber ernsthaft, dass sie bei mir eine Ausnahme machen würde.

Als wir uns abends trafen, küsste sie mich zum Hallo, als wäre nichts gewesen. Ich ließ mir nichts anmerken. Braun gebrannt stand sie da und sah einfach blendend aus.

»Wie war Kenia?«, fragte ich und wir setzten uns.

»Toll! Das Land ist absolut beeindruckend. Laura und ich haben echt viel gesehen. Wir haben eine Safari gemacht, waren an riesigen Wasserfällen und am Meer.«

»Du hast gar keine Fotos geschickt. Hab mich schon gewundert. Zwei Mädels in Kenia bei dreißig Grad am Strand mit Drinks in der Hand hätte ich mir gern angeguckt. Da wäre jeder in Deutschland neidisch gewesen.«

»Wir sind nicht so recht zum Fotografieren gekommen. Wollten lieber den Augenblick genießen, weißt du.«

»Mensch, Jean, ich weiß, dass du nicht mit Laura im Urlaub warst. Eigentlich interessiert es mich auch nicht, mit wem du durch die Gegend gondelst. Das ist Vergangenheit. Aber ich bin total enttäuscht, dass du mich angelogen hast. Das haben wir beide nicht verdient, dass wir so unehrlich sind.«

»Spinnst du? Ich habe dich nicht angelogen. Natürlich war ich mit Laura in Kenia! Du hast echt 'ne blühende Fantasie. Was soll das denn? Willst du sie anrufen und fragen? Hier hast du mein Telefon. Echt megapeinlich ist das.«

Ich stand auf, blickte auf sie hinab, sagte: »Okay, schönen Tag noch« und verließ das Restaurant.

Natürlich machte ich mir Gedanken, welche Auswirkungen die Geschichte auf mein Leben haben würde. Mein Vertrauen war weg, so viel war klar, auch wenn ich sie noch liebte. Aber eine Beziehung war für mich absolut undenkbar. Trotzdem wäre ich für sie da gewesen, hätte sie meine Hilfe gebraucht. Das war ich ihr irgendwie schuldig. Unsere Verbindung war ja nach wie vor da. Ich war der Einzige, der mitkriegte, wenn es ihr schlecht ging. Denn sie log auch ihre Familie und ihre Freunde an. Niemand außer mir wusste, wer sie wirklich war.

Sie erzählte Lügen über mich. Nannte mich Arschloch und zog das, was wir hatten, in den Dreck. Das war also der Dank dafür, was wir zusammen unternommen und erlebt hatten. Dirk war nie mit ihr im Urlaub gewesen, nicht mal übers verlängerte Wochenende, er konnte ihr nichts bieten. Aber das hatte sie 2017 alles vergessen.

»Mach doch, was du willst. Bau dein Leben auf einer großen Lüge auf. Am Ende wirst du ganz alleine dastehen. Rede weiter schlecht über mich, ich lass das alles über mich ergehen. Aber irgendwann wird das Fass überlaufen, und ich werde allen sagen, wie es wirklich war. Eine Diskussion ist sinnlos.« Ich drehte mich um und ging.

Kurz darauf flog sie mit Dirk in den Urlaub nach Ägypten. Und während sie mit ihm am Strand lag, schrieb sie mir Nachrichten. Eine nach der anderen: »Wenn du jetzt hier wärst, hätten wir viel Spaß miteinander. Wir bräuchten nur ein Bett. Und dann ginge es richtig ab. Über uns der Sonnenuntergang.« So was schrieb sie mir, während ihr Typ neben ihr saß und absolut keine Ahnung hatte, was seine Freundin da trieb.

Als sie zurückkam, sagte ich ihr klipp und klar, dass sie aufhören musste, mich für dumm zu verkaufen. Und Lügen über mich zu erzählen. Sonst würde ich tätig werden.

Sie lächelte mich nur an und sagte: »Mach doch. Dann ist es halt so.«

Noch am Abend druckte ich den kompletten Chatverlauf aus und schickte ihn an alle Leute aus ihrem Umfeld. Zusammen mit der Bitte, sich weniger über mich das Maul zu zerreißen, als darüber nachzudenken, was Jean so machte. »Sie belügt euch nach Strich und Faden zu meiner Person und eigentlich will sie nichts anderes, als mit mir zusammen zu sein«, schloss ich.

Jean war kurz vorm Nervenzusammenbruch. Ihr Lügenkonstrukt drohte zusammenzubrechen. Die Einzige, die sie unterstützte, war Sanny.

An der Kreuzung

Seit einigen Jahren fahre ich einen mattschwarzen Vito, den ich mir ursprünglich als Baustellenfahrzeug zugelegt hatte. Mein T4 war vorher auf der Straße geklaut worden. Außerdem standen noch eine E-Klasse und ein Audi TT Cabrio auf meinem Hof. Der Vito war anfangs noch silberfarben und langweilig, deshalb ließ ich ihn komplett umlackieren. Nun sieht er aus wie der Transporter vom A-Team. Damit falle ich überall auf.

Auf dem Weg zur Arbeit kam mir 2014 jeden Morgen ein ebenso auffälliges Auto entgegen: ein mit mattschwarzem Känguruleder beklebter 5er BMW. Zuerst sah ich nur das Auto, guckte mir das Leder an, die knallroten 20 Zoll-Felgen, die Sonderausstattung. Und irgendwann wollte ich auch wissen, wer dieses Schmuckstück fuhr. An einer Kreuzung gewährte ich dem Wagen Vorfahrt und konnte einen Blick in die Fahrerkabine werfen. Dass da eine junge Frau saß, hätte ich nie erwartet. Auch sie beäugte meinen Vito anerkennend. Wir nickten uns zu.

In den nächsten Wochen trafen wir uns immer wieder zufällig auf Dessaus Straßen. Die Frau war wohl auch auf dem Weg zur Arbeit. Wir guckten uns an, nickten uns, lächelten. So lernte ich Sanny kennen, wenn wir auch erst sehr viel später tatsächlich miteinander sprachen.

An einer Kreuzung kurbelte ich mein Fenster runter und rief:»Toller Wagen!«

»Danke, deiner auch«, antwortete sie und fuhr weiter.

Irgendwann schrieb mich ein Freund an, weil er Gewerberäume suchte für eine Freundin, die sich selbstständig machen wollte.

»Es ist die Frau mit dem BMW, wahrscheinlich kennst du sie«, sagte er und ich war verblüfft. Welch ein Zufall!

Er gab mir ihre Nummer und wir kamen ins Gespräch. Es war, als ob wir uns schon ewig kennen würden. Wir stellten fest, dass wir beide echte Einzelkämpfer waren. Und dass wir uns zwar richtig gut verstanden, aber niemals ein Liebespaar sein könnten. Wir verständigten uns auf einer komplett anderen Ebene. Wir wurden beste Freunde.

Wenn ich ein Problem hatte, ging ich fortan als allererstes zu ihr und fragte sie um Rat. Und umgekehrt genauso. Wir waren füreinander da, halfen uns, wenn es irgendwo klemmte. Passten aufeinander auf.

»Ich hab mein Baby kaputtgemacht!«, rief sie mich eines Tages an und heulte Rotz und Wasser.

»Mach in Ruhe, Sanny. Was ist denn passiert?«

»Ich weiß nicht genau. Ich muss am Bordstein langgeschrammt sein. Jetzt habe ich einen riesigen Kratzer vorne links in der Felge. Wenn den einer sieht, denkt der doch, die Mieze kann den Schlitten wohl nicht fahren. Geile Karre, aber die Frau ist 'ne Niete.« Ihre Stimme überschlug sich fast.

»Lass mich fünf Minuten überlegen. Wir lösen das Problem«, versprach ich ihr und überlegte, wen ich kannte, der uns helfen könnte. Da fiel mir Lacki ein, der eine Lackiererei in Dessau besaß und auch schon meinen Vito bearbeitet hatte. Ich durchstöberte mein Telefon nach seiner Nummer und rief ihn gleich an.

»Hey Lacki, ich brauch dich. Meine beste Freundin hat ein Problem. Sie hat ihre Felge zerstört. Du kennst das Auto, BMW, mattschwarz, Känguruleder.«

Er wusste sofort, von welchem Auto ich sprach.

»Die Felge ist rot, die muss sofort gemacht werden. Damit meine ich heute. Sie kann so nicht rumfahren.«

»Ist gut, kommt vorbei«, ließ Lacky verlauten.

Sanny holte mich ab und wir fuhren schnurstracks in die Lackiererei. Larry schliff die Felge ab und trug die Farbe auf. Sah aus wie neu. Die Rechnung übernahm ich, alles andere wäre in diesem Moment zu stressig gewesen. Außerdem hatte sie an diesem Tag genug erlebt.

Natürlich war Sanny auch für mich da, wenn ich Sorgen hatte. Mit Jean zum Beispiel. Ich erzählte ihr von ihrer Lügerei und sie hörte zu. Sanny versuchte herauszufinden, was mich trotzdem an sie band und warum sie so handelte. Eine Frauensicht eben. Die beiden lernten sich später kennen. Anfangs war Jean hochgradig eifersüchtig auf Sanny, bis geklärt war, dass wir nur Freunde waren. Sie wurden gute Freundinnen und Sanny schaffte es irgendwie, dass Jean sie nicht anlog. Sie hatte so einen durchdringenden Blick, hinterfragte alles. Dagegen kam Jean nicht an. Sie sahen sich nicht als Konkurrentinnen, auch wenn sie genau wussten, welch wichtige Stellung die andere in meinem Leben einnimmt. Die Fronten waren geklärt. Sanny wurde Jeans Vertraute.

Sie erzählte mir, dass Jean sich bei einem Glas Wein verplappert hatte, was den Kenia-Urlaub betraf:»Egal, was passiert und wie es passiert: Ich werde Mario ums Verrecken nicht sagen, dass ich mit Dirk im Urlaub war!«

Sanny verteidigte Jean nicht, schlug sich jedoch auch nicht klar auf eine Seite. Sie blieb relativ sachlich und versuchte zu vermitteln oder einen Rat zu geben, der uns einander wieder näherbrachte. Sie war die Einzige, die wirklich wusste, was zwischen mir und Jean lief.

Als wir uns gut drei Jahre kannten, wir lernten uns etwa 2014 kennen fragte Sanny mich, ob ich ihr Geld leihen könnte. Natürlich sagte ich zu.

»Wie viel brauchst du denn?«, fragte ich.

»Achttausend Euro.«

»Kein Problem. Ich setze schnell einen Schuldschein auf und morgen hast du das Geld. Bei mir liegt es eh nur rum.«

»Danke, Mario. Es geht um den Heimplatz für meine Oma. Der ist so wahnsinnig teuer und ich habe das Geld momentan nicht. Natürlich zahle ich es dir so schnell wie möglich zurück.«

Ich wusste, dass sie finanzielle Probleme hatte. Sie war verheiratet, hatte eine Tochter, und arbeitete als Kosmetikerin. Ich kannte ihre Familie nicht persönlich. Ihr Mann besaß zwar ordentlich Kohle, aber irgendwie schienen die Finanzen bei den beiden nicht zu stimmen. Das hatte Sanny immer mal erwähnt.

»Wenn er dir kein Geld gibt und dich nicht unterstützt, ist er vielleicht nicht der richtige Mann für dich«, sagte ich, als wir uns darüber unterhielten. Da kannten wir uns bereits vier Jahre.

»Das ist nicht so einfach«, antwortete sie unter Tränen.

»Sag, wenn es ein Problem gibt mit dem Zurückzahlen meines Kredits. Du kannst mir alles sagen. Ich weiß doch, dass manche Sachen bei dir nicht gerade laufen. Aber erzähl nicht irgendwas.«

»Ja, ich weiß.« Sanny liefen dicke Tränen über die Wangen.

»Heule, aber sei ehrlich zu mir. Ich ertrage das nicht, wenn du lügst.«

»Ich versuche, das Geld zusammenzukriegen, aber es kommt immer was dazwischen. Ich krieg's nicht hin. Du musst mir bitte mehr Zeit geben.«

»Wie lange brauchst du noch?«, fragte ich.

»Ich weiß es nicht, vielleicht zwei Jahre.«

»Kein Thema. Ich bin auf die Scheißkohle nicht angewiesen. Zahl eben kleine Raten, das, was du schaffst.«

»Und was ist, wenn es drei Jahre werden?«

»Auch nicht schlimm. Solange du mit mir darüber redest und ich merke, dass du mich und die Sache ernst nimmst. Um das Thema herumschwänzeln, irgendwelche Pseudofragen stellen, sich lose mit mir auf einen Kaffee verabreden und dann doch wieder absagen, um sich dann vierzehn Tage nicht zu melden. Das brauche ich genauso wenig wie die Kohle, die du mir schuldest.«

»Okay, okay.«

»Wenn ich gar nichts von dir höre, beginne ich daran zu zweifeln, ob du tatsächlich meine Freundin bist oder mich nur ausnutzt.«

Sanny unterbrach das Gespräch, weil sie so sehr schluchzte, dass ich sie in den Arm nehmen musste.

»Ihr müsst einen Weg finden. Einen, mit dem ihr beide glücklich werdet«, schloss ich. »Eine Scheidung ist keine schöne Sache. Lasst das lieber bleiben.«

Ich gab ihr Ruhe und Geborgenheit. Ich hörte viel zu und versuchte, Ratschläge zu geben. Ich sagte ihr, wie sie die Dinge angehen sollte und wo sie professionelle Hilfe und Beistand bekommen konnte.

Auch als Sanny ihr Haus baute, gab ich ein paar Tipps, schließlich hatte ich das lange genug beruflich gemacht. Sie plante das Gebäude so, dass genügend Platz für ihre Großeltern war, bei denen sie aufgewachsen war, und diese sich ungehindert im Haus bewegen konnten. Dann wurde ihre Tochter mit zwanzig Jahren überraschend schwanger. Einerseits freute sich Sanny über das Kind, andererseits bedeutete die Tatsache, dass sie mit Ende dreißig Oma wurde, noch mehr Verantwortung für sie.

Bis 2018 hörte ich immer seltener etwas von Sanny, schon gar nicht wegen des Darlehens, das ich ihr gegeben hatte. Sie hatte keinen Plan, wann und wie sie mir das Geld zurückzahlen wollte. Das machte mich ziemlich sauer und ich fuhr unseren Kontakt noch weiter runter.

Ein Jahr später rief sie mich plötzlich an und erzählte mir, dass sie sich jetzt als Kosmetikerin selbstständig machen wollte.

»Ich halte es nicht mehr aus mit meinem Chef«, sagte sie. »Ich möchte ein eigenes Studio aufbauen, mit allem, was dazugehört.«

»Dann mach das doch«, riet ich ihr. »Wenn du Hilfe brauchst, helfe ich dir.«

Schon bald darauf mietete Sanny den Laden, begann den Ausbau, wirbelte herum und kam recht gut voran. Eines Tages klingelte mein Telefon und sie kam auf mein Angebot zu sprechen.

»Okay«, sagte ich, »ich habe dir versprochen zu helfen, dann mach ich's auch.«

»Weißt du, ich bräuchte für die Ausstattung meines Ladens noch etwa fünftausend Euro. Mein Geld ist komplett in den Um- und Ausbau gegangen.« Sie räusperte sich. »Könntest du mir aushelfen?«

Ich dachte nach und rang mit mir. Einerseits würde mir Sanny dann noch mehr Geld schulden, von dem ich nicht wusste, ob ich es je wiedersah, andererseits war ich jemand, der sein Wort hielt. Also sagte ich zu. Wir machten einen Kreditvertrag und

Sanny erklärte mir, wie sie den Laden aufziehen wollte, was sie alles vorhatte und wie aussichtsreich das Geschäft wäre.

Ein paar Wochen später fand die Eröffnung des Ladens statt. Zwar hatte mir Sanny eine Einladung geschickt, aber eigentlich hatte ich nicht wirklich Lust hinzugehen. So viele Leute, die rumlabern und sich die Beine in den Bauch stehen, war nicht unbedingt meine Vorstellung eines lustigen Abends. Außerdem ahnte ich, dass unter Umständen Jean dort auftauchen würde. Schließlich aber machte ich mich doch auf. Ein halbes Stündchen konnte ja nicht schaden.

Im Kosmetiksalon war es ziemlich voll. Ich gratulierte Sanny zur Eröffnung und wünschte ihr alles Gute, quatschte mit ein paar Gästen und trank ein Glas Wein. Dann tauchte Sannys Mann auf.

»Das ist Mario, der mit der Armlehne«, stellte sie mich ihm vor und ich war ziemlich irritiert. Sannys Mann war Handwerker und sollte vor Ewigkeiten mal eine Armlehne für mich reparieren. Dass ich aber nicht nur ein potenzieller Kunde war, sondern vorrangig der beste Freund seiner Frau ließ sie unerwähnt. Er wusste offenbar gar nicht, welche Rolle ich spielte. Ich verließ die Party und brach den Kontakt zu Sanny vollständig ab. Ich löschte sie aus meinem Telefon. Da lief etwas gehörig falsch.

Gefährliche Ablenkung

Nachdem Jean und ich uns endgültig getrennt hatten und ich die Kopie ihrer Nachrichten unter verschiedenen Leuten verteilt hatte, half Sanny ihr dabei, alles wieder einigermaßen in Ordnung zu bringen. Jean schaffte es tatsächlich, Dirk davon zu überzeugen, dass die Nachrichten, die sie in Ägypten für mich verfasst hatte, nicht echt waren. Er wollte ihr glauben.

Ich beschloss, mit Jean keinen Kontakt mehr aufzunehmen. Sie tat mir nicht gut. Und sich selbst auch nicht, aber das war nicht mehr mein Problem. Das Gefühl, die Liebe würde nicht zu hundert Prozent weggehen, merkte ich recht schnell. Die Liebe zu Jean wird mir immer ein stückweit anhängen. Ich spürte weiterhin, wann es ihr gut oder schlecht ging. Dieses Fühlen und Spüren eines Menschen sind Fluch und Segen zugleich. Ich lernte, damit umzugehen und mich nicht mehr so aus der Bahn werfen zu lassen.

Im April 2018 sah ich Jean zum letzten Mal. Das war recht skurril. Ich stand im Supermarkt an der Kasse und guckte mich um, weil ich warten musste. Da entdeckte ich sie zufällig auf dem Parkplatz, durch die Fensterscheibe hindurch. Sie war mit einem Arbeitskollegen unterwegs und schob gerade den Einkaufswagen zurück ins Depot. Ich war mir sicher, dass sie mein Auto gesehen haben musste, so auffällig foliert wie es da direkt neben dem Eingang stand. Vielleicht würde sie ja die Flucht ergreifen.

Ich zahlte und ging raus auf den Parkplatz, blickte in ihre Richtung und sah sie rauchend neben ihrem Kollegen stehen. »Komm schon«, stachelte ich mich an, »du hast ein breites Kreuz,

Charakter ohne Ende, geh einfach hin.« Und das tat ich. Ich reichte Jean die Hand, zog sie an mich heran und gab ihr ein Küsschen auf die Wange.

»Guten Tag«, sagte ich und lächelte sie an. »Du hast dich aber echt verändert, wie siehst du denn aus?« Das war ganz wertungsfrei gemeint. Sie hatte stark abgenommen, sah im Gesicht ganz schmal aus, ungewohnt.

»Was soll das denn heißen?«, giftete sie mich an. »Warum sagst du das so abschätzig? Und was geht's dich überhaupt an, wie ich aussehe?«

»War nicht so gemeint. Sorry. Alles kein Problem. Ich wünsch dir ein schönes Wochenende«, sagte ich und drehte mich um, um zu gehen. Nach zwei Schritten überlegte ich es mir allerdings anders und machte kehrt. »Du, Jean, ganz ehrlich, das Aggressive hat dir eigentlich nur im Bett gestanden«, setzte ich nach, drehte mich erneut um und lief Richtung Wagen.

Daraufhin schmiss sie ihre Kofferraumklappe zu, dass es schepperte. Dann knallte die Autotür. Mit quietschenden Reifen fuhr sie an und schoss über den Parkplatz. Direkt an mir vorbei. Das war er, Jeans letzter Auftritt.

Es folgte ein anderer: Peggy trat in mein Leben.

Wir hatten uns über eine Dating-Plattform gefunden, ein paarmal hin und her geschrieben und dann beschlossen, uns persönlich zu treffen. Sie wohnte in Berlin, also fuhr ich in die Hauptstadt.

Es war Ende Juni, es war heiß und plötzlich ging ein Wolkenbruch über Berlin nieder. Es goss wie aus Kübeln und das Wasser stand zentimeterhoch. Die Leute auf der Straße waren augenblicklich pitschnass und die Stadt soff förmlich ab. Ich parkte mein Auto und rannte zu dem Neubau, den sie mir als Treffpunkt genannt hatte. Triefend stand ich unter ihrer Anwaltskanzlei, um sie abzuholen.

Ich blickte durch eine riesige Glasfront ins Treppenhaus. Das Licht ging an und Peggy kam elegant die Stufen runter. Sie trug ein dunkles Kostüm mit einer weißen Bluse und ich dachte: »Was ist das denn?« Ich war schwer beeindruckt. Das hatte ich nicht erwartet. Eigentlich hatte ich mich total gesträubt, mich bei einer Dating-Plattform anzumelden. »Das ist was für ganz arme Gestalten«, dachte ich mir: gefakte Fotos, falsche Altersangaben, aufgepumpte Hobbys. Nichts für mich. Aber dann siegte doch die Neugierde, ich wollte das Online-Daten mal ausprobieren, um mitreden zu können. War ja total in Mode.

Wir gingen essen, tranken Wein und unterhielten uns über Peggys Vergangenheit, über ihr Leben, mein Leben, das Leben im Allgemeinen. Wir hatten Spaß, wir waren charmant. Und als ich abends nach Dessau zurückfuhr, war ich immer noch begeistert von der Frau. Zwei Tage später, an einem Samstag, fuhr ich wieder nach Berlin.

Eigentlich ging mir das Ganze viel zu schnell. Ich war es gewohnt, mir am Anfang Zeit zu lassen, sich erst mal kennenzulernen. Aber Peggy überwältigte mich förmlich. Sie fragte, ob ich bleiben könnte und ich blieb. Sie musste mich nicht überreden. Ich war wie im Rausch. Es war Hammer.

Wenn ich in Dessau war und Peggy in Berlin, telefonierten wir mehrmals täglich. In den Pausen zwischen ihren Mandanten- und Gerichtsterminen, nach meinen Wohnungsbesichtigungen, morgens, mittags, abends. Alle zwei bis drei Tage fuhr ich zu ihr und wir verbrachten eine sehr intensive Zeit. Wir sprachen viel über unsere Vergangenheit, aber auch über brisante Themen. Zum Beispiel ihre Krankheit. Im Januar 2017 hatte sie sich einer Tumoroperation unterziehen müssen mit anschließender Chemotherapie. Peggy litt noch immer unter starken Verspannungen und lang anhaltenden Kopfschmerzen.

Eines Abends im August beichtete sie mir, dass sie schwanger war. Damit hatte ich absolut nicht gerechnet, schließlich kannten wir uns erst ein paar Wochen. Außerdem hatte sie mir erzählt, dass sie mit ihrem Ex-Freund über Jahre nicht verhütet hatte und trotzdem nicht schwanger geworden war. Sie ging davon aus, keine Kinder kriegen zu können. Und nun das. Aber vielleicht sollte es auch so sein.

»Okay, du hast die OP hinter dir, die Chemo ist durch, du willst deine Kanzlei umbauen. Du bist noch nicht ganz fit, und es steht einiges an«, stellte ich fest. »Ist das der richtige Zeitpunkt?«

»Gibt es den denn?«, fragte sie.

»Jedwede Entscheidung, die du triffst, treffe ich mit.«

»Was willst du denn?«

»Ich weiß es nicht. Ich kann nicht sagen, ob ich noch ein Kind will oder nicht. Wir müssen auf jeden Fall auf deinen Gesundheitszustand Rücksicht nehmen.«

Wir starteten eine Tippeltappeltour, liefen von Arzt zu Arzt, erkundigten uns und machten uns schlau. Schließlich entschieden wir uns gegen das Kind. Peggy ließ es abtreiben. Es erstaunte mich, dass sie die Prozedur emotional kaum mitnahm. Das Kinderkriegen ist ja normalerweise ein hochemotionales Thema für Frauen, ein Abbruch für viele ein traumatisches Erlebnis. Peggy aber nahm es fast gelassen.

»Nun kann ich wenigstens sagen, dass ich mal schwanger gewesen bin.«

Nachdem sie aus dem Krankenhaus entlassen worden war, schlug ich Peggy vor, in den Urlaub zu fahren. »Lass uns ein bisschen Abstand nehmen von all dem hier. Du bist permanent verspannt, hast Schmerzen und die Stimmung ist am Boden. Lass uns zusammen wegfliegen, damit du auf andere Gedanken kommst. Was meinst du?«

Peggy ließ sich darauf ein und wir flogen ziemlich kurzfristig im September für eine Woche auf die Malediven. Dort erlebte ich sie zum ersten Mal als normale Frau mitten im Urlaubsalltag. Es war, als hätte sich ein Schalter umgelegt. Peggy war lieb und nett, sie genoss alles um sich herum. Sie konnte sich plötzlich richtig fallen lassen und nahm die Dinge um sich herum auf einmal viel intensiver wahr. Sie war so, wie sie eigentlich sein wollte. In Berlin herrschte stets Hektik, sie war megabusy, ihre Fälle waren stets präsent, auch am Frühstückstisch. Spannend nun, diese Veränderung von außen zu beobachten. Ich freute mich für Peggy, dass sie hier so gut abschalten konnte. Natürlich profitierte auch ich davon.

»Ihr seid so ein hübsches Paar und seht so entspannt aus«, sagte die Ressortleiterin eines Nachmittags zu uns. »Hättet ihr was dagegen, wenn ich euch für unsere Webseite fotografiere?« Wir hatten nichts dagegen. Die Fotos zeigten ein harmonisches, glückliches Paar. Das waren wir.

Plötzlich bekam ich wüste Nachrichten von Jean. Nicht nachdenkend hatte ich ein Foto von Peggy und mir in meinen Status bei WhatsApp gestellt. Dieses hatte Jean gesehen und fand es offensichtlich gar nicht lustig, dass ich mit meiner Neuen auf die Malediven geflogen war. Sie wollte für immer die Nummer eins sein und machte mir nun die Hölle heiß, beschimpfte mich und schrieb ziemlich wirres Zeug.

»Du fährst mit 'ner anderen durch die Gegend? Echt jetzt?«, fragte sie.

»Ich kann machen, was ich will«, schrieb ich zurück.

Als ich wieder in Dessau war, bat mich Jean um ein Gespräch. Ich sagte zu, sah darin kein Problem. Ich würde auf gar keinen Fall rückfällig werden, das war eindeutig vorbei. Also fuhr ich zu ihr nach Hause und klingelte. Die Tür öffnete sich, und sie stand nur in Slip und Trägershirt da. Damit hatte ich nun wirklich nicht gerechnet.

»Wollen wir gleich ins Bett gehen oder reden wir erst mal miteinander?«, fragte und sie war darum bemüht, locker-lasziv zu klingen.

»Wir reden erst mal miteinander«, entgegnete ich einigermaßen souverän. »Was möchtest du denn besprechen?«

»Wie kann das sein, dass du mit einer anderen Frau unterwegs bist? Einfach so?« Sie schaute mich vernichtend an.

»Ich bin frei, Jean, wir sind kein Paar mehr. Mit wem ich verreise und meine Zeit verbringe, ist allein meine Entscheidung. Du hast doch auch beschlossen, wieder mit Dirk zusammen zu sein.«

»Das hat sich so ergeben.«

»Du hast mich angelogen. Das war gewollt. Erzähl mir doch nichts.«

»Ist alles nicht so gelaufen, wie ich mir das vorgestellt hatte.«

»Du hast doch gar keinen Plan, Jean.«

Wir verbrachten den Abend miteinander, sprachen über unsere gemeinsame Vergangenheit und ein bisschen auch über die Zukunft. Meine Beziehung zu Peggy versuchte ich dabei auszusparen.

»Es läuft nicht so gut mit Dirk. Im Bett nicht und auch sonst nicht. Ich kann nicht mit ihm zusammenziehen, das wäre eine Katastrophe. Es ist nicht so wie mit dir.«

Am Ende fragte sie, ob ich über Nacht bleiben würde. Ich sagte: »Dann wäre ich ja der Erste, der bei dir in der Wohnung schläft.« Und ich blieb. Sie freute sich und fiel mir erleichtert in die Arme. Es war super schön, aber es fühlte sich nicht mehr richtig an. Das Band zwischen uns war gekappt. Am nächsten Morgen brach ich relativ zeitig auf.

»Musst du schon los?«, fragte Jean. »Ich dachte, wir frühstücken noch zusammen.«

»Das ist doch alles Quatsch. Wir hätten das nicht tun sollen. Du steckst in deiner Lügenwelt und dort wirst du auch bleiben.«

Sie schnaubte.

»Du kannst dich sowieso nicht entscheiden. Wieso sollte ich also auf dich warten? Mein Leben ändert sich gerade. Und das ist auch gut so.«

Ich ging. Ich ließ sie zurück.

Und stürzte mich in das Leben mit Peggy. Natürlich brachte auch das seine Schwierigkeiten mit sich. Aber die rosarote Brille vernebelte meinen Blick. Ich fuhr oft übers Wochenende nach Berlin, selten kam Peggy auch zu mir nach Dessau. Wir waren beide recht arbeitsam sie kümmerte sich um die Kanzlei und ich mich um meine Wohnungen. Wir waren ständig auf dem Sprung, aber mir machte das nichts aus. Trotzdem war irgendwas komisch, daß ich jedoch nicht benennen konnte. Ich überlegte und überlegte. Wir hatten Spaß miteinander, der Sex war sensationell, wir waren zusammen unterwegs, wir hörten die gleiche Musik – aber irgendwas passte nicht. Es war mir ein Rätsel.

»Dein Ex steht uns im Weg«, fiel mir plötzlich auf und das erklärte so einiges. Durch ihre Kanzlei war Peggy noch mit Carsten verbunden. Sie vertrat ihn anwaltlich, sodass sie sich immer wieder über den Weg liefen. Ihre Kanzlei befand sich in seinem Haus. Der Umgang zwischen den beiden war ziemlich bösartig. Carsten schrieb ihr unfreundliche, teils übergriffige Nachrichten, die sie sehr aufregten. Ich riet ihr, sich nicht darauf einzulassen und ihm einfach nicht zu antworten.

»Versuche, das Problem sauber und ordentlich zu lösen. Sonst hört das nie auf«, sagte ich.

»Der ist ein Narzisst, sieht nur sich selber und gefällt sich sehr in seiner Rolle. Mit so einem Menschen kann man nicht zusammen sein, das macht einen kaputt.«

»Aber er hat dich unterstützt, als sie den Tumor in deinem Kopf entdeckt haben«, gab ich zu bedenken.

»Ich weiß nicht, ob man das wirklich Unterstützung nennen kann. Eigentlich hatte ich eher das Gefühl, dass er mich als persönliche Belastung sah. Die Diagnose traf zwar mich, aber er musste mit den Auswirkungen kämpfen. Das ließ er mich zumindest spüren. Dass es um meinen Kopf ging, der aufgeschnitten wurde, war total nebensächlich. Meine Gefühle ebenso.«

»Das tut mir leid.«

»Er ist ein schlechter Mensch. Wir waren fünf Jahre zusammen, aber so richtig ist mir das erst aufgegangen, als ich von meiner Krankheit erfuhr. Das gab den Bruch. Er hat sich wie ein Arschloch benommen. Im Rückblick ist mir klar, dass Carsten mich nur ausgenutzt hat. Er war ein Nutznießer meines Erfolgs die ganzen Jahre über.«

Sie war sich dessen bewusst, änderte aber nichts im Verhalten ihm gegenüber. Sie löste das Problem nicht, gab ihm weiterhin Raum für Konfrontationen, sodass er weiterhin zwischen uns stand. Da nun eine neue Beziehung aufzubauen, war somit nicht einfach, aber es war den Versuch wert.

Mit dem Bauchgefühl, dass ich nichts zu verlieren hatte, war es natürlich für mich einfacher.

Ich wusste, dass das irgendeine Art von Liebe war, aber »Ich liebe dich« konnte ich Peggy nicht sagen. Und das erstaunte mich.

Im Dezember flogen wir noch mal auf die Malediven, vielleicht mit der Idee im Kopf, dass wir uns wieder ganz frei fühlen würden. Dort kannte uns niemand, wir ließen unser typisches Umfeld hinter uns, wir konnten für eine gewisse Zeit loslassen. Es funktionierte, wir hatten eine tolle und entspannte Zeit. Danach feierten wir Silvester zusammen und gingen gemeinsam ins neue Jahr 2018. Es fühlte sich gut an, aber ich konnte ihr noch immer nicht sagen, dass ich sie liebte. Es kam einfach nicht über meine Lippen.

Im Januar ging's dann nach Österreich zum Skifahren. Wir fuhren beide ziemlich sicher und waren jeden Tag auf den Pisten unterwegs. Das Wetter war prächtig, die Stimmung war toll. Bis ich merkte, dass Peggy ständig mit dem Handy hantierte. Auf dem Berg, in der Sauna, im Schwimmbad, überall hatte die das Telefon dabei. Das nervte mich tierisch.

»Ich verstehe ja, dass du als Anwältin immer irgendwie erreichbar sein musst. Aber du hast Urlaub, und du bist mit mir unterwegs. Leg doch das Telefon weg! Wer was Wichtiges von dir will, soll auf die Mailbox sprechen oder 'ne E-Mail schreiben.«

Aber sie ließ sich nicht beirren.

Nach dem Urlaub hatte Peggy vor, mit ihrer Kanzlei in neue Geschäftsräume umzuziehen. So wollte sie sich auch symbolisch von ihrem Ex absetzen. Ich bot ihr meine Unterstützung an, gab ihr Ratschläge, aber sie ließ sich von anderen Leuten bequatschen und verließ sich lieber auf deren Meinung. Verlässlich waren die aber nicht.

»Was ich sage, ziehe ich auch so durch. Auf mein Wort ist Verlass. Wenn du lieber mit anderen Leuten zu tun hast, dann mach das doch. Ich brauche niemanden.«

Wir brachten den Umzug irgendwie über die Bühne, Peggy verortete sich neu und inszenierte einen beruflichen Neustart. Unsere Beziehung aber änderte sich nicht, es gab keine Aufwertung. Ich konnte gar nicht mehr einschätzen, was das zwischen

uns eigentlich war. Mir fehlte eine Definition. »Glückliche Fern-
beziehung« traf es nicht mehr.

»Wir hätten uns schon viel eher kennenlernen müssen«, sagte Peggy manchmal.

»Und was wäre dann gewesen?«, wollte ich wissen.

»Dann wäre mir der Rest erspart geblieben. Mit dir ist alles
ganz anders als mit Carsten. Besser. Unser Sex ist phänomenal.
Alles, was nach dir kommt, kann nur Scheiße werden.«

Im Zentrum

Es dauerte eine ganze Weile, bis ich verstand, wo meiner Meinung nach bei Peggy das Problem lag. Ich besorgte mir Bücher über Beziehungsmuster und Abhängigkeitsverhältnisse und vertiefte mich in die Lektüre. Ich las und las. Und ich entdeckte, welches Prinzip hinter Peggys Verhalten stecken mochte. Dass ihr Ex ein Narzisst ist, betonte sie immer wieder und auch ich erkannte an Carsten ganz klar die entsprechenden Merkmale: Er stellte sich ins Zentrum, alles kreiste um ihn, die Menschen in seinem Umfeld waren nur Mittel zum Zweck, um seine eigene Stellung zu untermauern und zu bedienen. Er war der Macher. Er wollte bewundert werden. Alle anderen standen unter ihm. Ich las, dass Narzissten oft Beziehungen mit schwachen, unterwürfigen Menschen eingehen, um ihre Position zu stärken. Schwach und unterwürfig war Peggy absolut nicht. Dann entdeckte ich den psychologischen Begriff des Komplementärnarzissten und hatte mein Aha-Erlebnis.

Ein Komplementärnarzisst hat im Grunde ähnliche Züge wie der Narzisst, aber mit umgekehrten Vorzeichen. Er will sich ganz für andere aufgeben, verzichtet auf sein Selbst, um den anderen zu erhöhen, und empfindet Genugtuung darin, dem anderen zu Diensten zu sein. Beide vereint das ungenügend ausgeformte Selbst und das Gefühl, irgendwie minderwertig zu sein. Die Beziehung der beiden kreist stets um Macht und Unterwerfung.

Nun war Peggy inzwischen nicht mehr mit ihrem Pendant Carsten zusammen, sondern mit mir. Und offensichtlich suchte sie da unbewusst nach ähnlichen Mustern, vielleicht auch, um sich ein Stück weit zu emanzipieren. Kein Wunder, dass ich immer das Gefühl hatte, mich beweisen zu müssen. Und irgendeine Position in Peggys Leben zu finden.

Im Mai flogen wir nach Bali, machten auf dem Rückweg nach Deutschland noch einen Zwischenstopp in Singapur von drei Tagen und stürzten uns ins Großstadtgetümmel. Als wir dann auf der Insel waren, lief so ziemlich alles schief, was schieflaufen konnte. Es funkte zwischen uns, aber im negativen Sinne. Es gab Spannungen, die fast greifbar waren. Mir wurde klar, dass hier etwas Grundlegendes nicht mehr stimmte zwischen uns.

An einem Tag gingen wir Pizza essen. Es war ein nettes Restaurant, wir bestellten, tranken Wein und unterhielten uns über dies und das. Als dann die Pizzen kamen und wir anfingen zu essen, knallte mir Peggy plötzlich an den Kopf: »Musst du deine Pizza unbedingt mit den Fingern essen?«

Ich traute meinen Ohren nicht. »Was soll das denn jetzt?«

»Das ist echt ekelhaft, Mario.«

»Andere Leute essen ihre Pizza auch so. Ich komme doch nicht von 'nem anderen Stern.«

»Außerdem würde ich lieber Champagner trinken.«

»Mich stört das gar nicht, ich finde den Rotwein des Hauses total okay.«

»Aber Champagner ist besser.«

»Wieso? Weil da ›Noir‹ draufsteht, was alle Leute lesen können? Weißt du, ich trinke auch 'nen Cuba Libre oder ein Wasser, solange ich mit dir am Strand sitzen, die Sonne und diesen Ausblick genießen kann.«

Wieso war es Peggy auf einmal so wichtig, irgendwas darzustellen, die Flasche teuren Champagner auf den Tisch zu stellen und am besten noch den Hummer danebenzulegen? Mir war so was total unwichtig. Ich musste nicht ständig demonstrieren, was ich hatte und was ich mir leisten konnte. Peggy saß auch am Pool oder am Meer mit ihrem schicken Smartphone oder Tablet, hantierte damit herum, sodass keiner das Teil übersehen konnte.

»Pack den Scheiß doch weg«, sagte ich zu ihr, »genieß lieber, dass wir auf 'ner tollen Insel sind, wir beide. Lass uns den

Strand da hochlaufen, das sind fünf Kilometer feinster Sandstrand. Da oben gibt es ein paar nette Bars.«

»Und was wollen wir da?«, fragte sie dazwischen.

»Es geht doch gar nicht darum, dass wir uns was Bestimmtes vornehmen.«

»Sondern?«

»Ich möchte einfach laufen, ich möchte gucken, was passiert. Ich möchte mich ein Stück treiben lassen. Dafür brauche ich kein Ziel, muss nicht strukturiert von A nach B gehen. Mir ist egal, wohin es uns treibt. Wir gehen einfach weiter. Vielleicht liegt das Ziel ja ganz woanders, als du es planst.«

Peggy guckte mich ziemlich missmutig an. Ihr Glas Wein trank sie nicht aus.

Irgendwas lief hier gar nicht richtig. Ich machte mir ernsthaft Gedanken darüber, ob das mit uns vielleicht doch nicht passte. Ich rief mir unseren Maledivenurlaub im letzten Jahr ins Gedächtnis. Da hatte sie wirklich abgeschaltet, hatte allen Stress von sich abfallen lassen und konnte so sein, wie sie wirklich war. Ohne Spielchen, ohne Champagner und Bling-Bling. Hier aber war sie anders. Damit konnte ich mich so gar nicht identifizieren.

»Klar können wir Kaffee aus 'ner Porzellantasse trinken«, sagte ich, »aber to go geht auch. Ist mir völlig egal, was andere davon halten. Solange sich alles die Waage hält. In deinem Kleiderschrank hängen so viele Klamotten und Taschen und Lederjacken, die Hunderte von Euro gekostet haben, die du aber nie anhast. Mir ging es ebenso, aber mir wurde das plötzlich bewusst und ich habe damit aufgehört. Eigentlich brauchst du den ganzen Plunder nicht, um glücklich zu sein. Lass das alles weg und lebe einfach. Mach das, was dich wirklich glücklich macht.«

Aber sie wollte mich nicht verstehen. Und ich fragte mich, was wir eigentlich zusammen auf dieser wunderschönen Insel machten.

Als wir wieder zu Hause waren, trennten wir uns. Wir waren beide ziemlich traurig deshalb. Trotzdem fuhr ich zwei Wochen später unangemeldet zu Peggy nach Berlin, um mir unsere Urlaubsbilder abzuholen. Ich klingelte an der Haustür, doch sie machte nicht auf. Ich ging nach oben, klingelte und klopfte. Keine Reaktion. Dann vibrierte mein Telefon. »Geh bitte«, schrieb sie, mehr nicht. Ich war ziemlich enttäuscht. Im Auto guckte ich mir unseren gesamten Chatverlauf an, sprang von Nachricht zu Nachricht immer weiter in die Vergangenheit. Und stieß auf einen Artikel, den mir Peggy mal geschickt hatte über Narzissmus.

Auf meinem Rückweg nach Dessau grübelte ich darüber nach, was diese Frau bewegte. Zu Hause öffnete ich eine Flasche Wein. Ich setzte mich, ließ unsere Geschichte Revue passieren, ging Episoden durch, erinnerte mich an einzelne Gespräche und plötzlich machte es klick: Peggy ist nicht die Narzisstin, sondern die Komplementärnarzisstin!

Ich besorgte mir ein Buch über weiblichen Narzissmus und stellte fest, dass ich mit meiner Vermutung recht haben könnte. Warum hatte ich das denn nicht früher gemerkt? Ich war geradezu enttäuscht. Nicht von ihr, sondern von mir. Weil ich es nicht gesehen hatte. Ich markierte die wichtigsten Stellen in dem Buch, schrieb ein paar Kommentare an die Seite und packte es in einen Briefumschlag zusammen mit einem Zettel: »Peggy, wenn du Charakter und Mut hast, lies dieses Buch. Dann weißt du vielleicht, wo du stehst. Wenn nicht, schmeiß es weg.«

Einige Tage später erzählte mir eine Freundin, sie habe auf Peggys Facebook-Seite ein Foto gesehen von ihr und einem Typen in ihrer Küche. Das war an dem Tag, an dem ich bei ihr geklingelt hatte. Da hatte sie also schon den Neuen bei sich zu Hause, gerade zwei Wochen nach unserer Trennung. Sie konnte wohl nicht alleine sein. Auch das hatte ich in dem Buch gelesen: Der Narzisst braucht dringend Aufmerksamkeit und Bestätigung. Ein »Ich liebe dich« ist nur Mittel zum Zweck, um den anderen bei der Stange zu halten. Liegt der Nächste im Bett, ist der der Allertollste. Hauptsache, alles kreist um den Narzissten. Alles Menschliche wird über Bord geworfen.

Ich fühlte mich teilweise bestätigt. Peggy war zweiundvierzig, hatte eine eigene Kanzlei, war eine erfolgreiche Anwältin und hatte schon eine ganze Menge erlebt, aber ein paar grundsätzliche Dinge hatte sie offenbar nie kennengelernt. Beispielsweise, dass man in einer Partnerschaft nach einem Streit abends wieder zusammen ins Bett geht, die Hand des anderen nimmt, ihn an sich ran zieht und alles ist wieder gut. Dass man trotz Meinungsverschiedenheiten zusammen einschläft. Das kannte Peggy vorher nicht. Sie schlief vorher lieber für sich mit ihrer eigenen Decke auf ihrer Bettseite. Wir beide haben immer zusammen geschlafen, ohne Berührung ging nichts.

Seither habe ich sie nie wiedergesehen. Aber wir schrieben uns. Am Ende einer langwierigen Diskussion schlug ich ihr vor, meine Nummer aus ihrem Telefon zu löschen.

»Nein, das werde ich nicht tun, ich werde dich nicht löschen, weder aus meinen Gedanken noch aus irgendwas anderem.« Drei Wochen später dann hatte sie mich komplett blockiert: im Telefon, bei Instagram usw. Sie hatte mich aus ihrem Leben herausgeschnitten. Diese Vorgehensweise kam mir irgendwie bekannt vor, Jean hatte das Gleiche abgezogen. Mit Sicherheit hatte ihr Sanny den Tipp gegeben, die beiden waren schon früher in Kontakt gewesen. Sie hatte Peggys anwaltlichen Rat eingeholt, wenn auch nur übers Telefon. Offenbar agierten die Frauen hinter meinem Rücken. Was sollte ich dazu sagen? Ich nahm es hin, ärgerte mich aber über mich selbst und darüber, dass ich ihr wohl wahres Wesen erst so spät erkannt hatte.

Ähnlich wie bei Jean spürte ich, dass es Peggy oft nicht gut ging. Dass sie mit einigen Dingen zu kämpfen hatte und nicht zur Ruhe kam. Aber mir war klar, dass ich mich in die Geschichte nicht mehr reinhängen konnte.

Ich gehe davon aus, dass sie einen neuen Mann hat. Wahrscheinlich den, der an dem Tag bei ihr war, als ich an ihrer Tür stand. Ich habe ihn einmal gesehen. Er ist nicht sonderlich gut aussehend. Aber das liegt ja bekanntlich im Auge des Betrachters Er muss ein sehr leidensfähiger Mann sein, der viel über sich ergehen lässt, um die optisch sehr ansprechende Peggy an seiner Seite zu behalten.

Um die Geschichte hinter mir zu lassen und meine Gedanken zu ordnen, flog ich bald wieder auf die Malediven, auf die gleiche kleine Insel Eriyadu, die ich damals mit Peggy besucht hatte. Ich genoss die Abgeschiedenheit, das Meer, die Sonne, den weißen Sand. Die Insel kann man in einer halben Stunde umlaufen. Die Anzahl der Gäste war mit fünfunddreißig überschaubar. Mein Bungalow stand allein, umgeben von Palmen und üppigen Sträuchern. Ich hatte direkten Zugang zum Meer. Ein idealer Ort für mich, um Klarheit zu schaffen.

Das nächste Jahr begann mit einer großen Überraschung. Kurzentschlossen fuhr ich nach Kühtai in Österreich, um noch ein bisschen Ski zu fahren. Ich wollte den Schnee genießen. Das Wetter war herrlich, die Sonne schien, die Pisten waren frisch beschneit und ließen sich wunderbar befahren.

Wie es der Zufall wollte, tauchte plötzlich Peggy auf der Bildfläche auf. Ich entdeckte sie, als ich aus dem Fenster nach dem Wetter schaute, hoch zum Berg. Neben ihr lief ihr neuer Freund. Ich war weit genug entfernt, sodass sie mich nicht sah. Ich musste schmunzeln. Mir war klar, dass wir uns nicht das letzte Mal begegnet waren. Unsere Geschichte war noch nicht abgeschlossen. Das sagte mir mein Bauchgefühl und darauf konnte ich mich für gewöhnlich verlassen.

Der Urlaub war super. So konnte das Jahr weitergehen ohne Stress und Aufregung.

Ende Mai verschlug es mich nach Sansibar. Ich hatte mir vorgenommen, die Insel zu erkunden und einen Bekannten zu besuchen. Auch hier genoss ich die Ruhe und dachte über die Vergangenheit und die Zukunft nach. Ich lag am Strand mit einem Gin Tonic in der Hand und blickte aufs Meer hinaus. Da sprach mich eine Frau an.

»Hallo, ich bin Kerstin«, stellte sie sich vor und erzählte, dass sie zusammen mit ihrer Mutter unterwegs war. Sie kam aus der Schweiz und genoss die Insel. Ich konnte ihr nur beipflichten.

»Warum bist du allein unterwegs?«, fragte sie.

Ich schaute sie an und erklärte: »Ich habe gerade meine Beziehung beendet und will ein bisschen nachdenken.«

»Aber die Frau beherrscht noch immer Ihr Herz«, schaltete sich plötzlich Kerstins Mutter ein, die neben uns saß.

Darüber musste ich lange nachdenken. Die Frau hatte recht: Es fiel mir tatsächlich schwer, Peggy komplett aus meinem Leben zu streichen, oder waren die Gedanken doch bei Jean? Ich war noch nicht bereit dazu, mich auf jemand Neues einzulassen. Trotzdem musste es irgendwie weitergehen. Ich ließ alles auf mich zukommen, ohne Stress, ohne wirkliche Sorgen. Das war bisher immer der richtige Weg für mich gewesen. Abwarten. Und dann passierte es: Mitte September war ich wieder in der Welt unterwegs. Eines Abends saß ich mit einem Pärchen aus Hamburg bei einem Glas Wein und köstlichem Sushi. Ich nahm ein Stück mit den Stäbchen auf und führte es an meinen Mund, da leuchtete mein Telefon auf. Nicht ungewöhnlich, aber es erschien Peggys Bild. Augenblicklich fiel mir das Stück Sushi herunter. Wir tauschten ein, zwei Nachrichten aus, dann war wieder Ruhe. Ich ahnte allerdings, dass wir uns bald wiedersehen würden. Nur nicht wann, wo und unter welchen Umständen.

Nach ein paar Wochen tauchte wieder eine Nachricht von Peggy auf dem Display auf. Ihr war mein Status aufgefallen: Ein Schattenbild im Sand, aufgenommen auf den Malediven am Strand, unterschrieben mit: »Nichts ist vergleichbar mit dir.« Sie legte es offensichtlich völlig falsch aus, sie bezog es auf sich. Ich schrieb Ihr zurück und versuchte, die Sache klarzustellen.

»Lass uns reden«, schrieb ich ihr bald darauf. »Es ist Zeit für ein Gespräch.«

Als ich sie besuchte, war Peggy nicht allein. Sie besaß neuerdings einen kleinen Hund, Ally. Ich mag Hunde und hatte mit ihrem kleinen Begleiter kein Problem. Sie könnte sich jetzt nicht mit mir treffen, erklärte sie, sie steckte fest, hatte ein emotionales Tief, das hatte allerdings nichts mit mir zu tun. Wir verschoben unser Treffen.

Ein paar Tage später schrieben wir uns wieder und ich merkte, dass es ihr noch immer nicht wieder gut ging. »In neunzig Minuten bin ich bei dir«, sagte ich und legte auf. Ich wusste, dass es keinen Streit geben würde, und fuhr los in Richtung Berlin.

Peggy war aufgeregt, das kannte ich von ihr. Deshalb musste ich sie überraschen.

Ich klingelte, lief die Treppenstufen hinauf und sie stand im Türrahmen. Ally begrüßte mich schwanzwedelnd. Ich sagte Hallo und zog Peggy, einer Eingebung folgend, an mich heran. »Guten Abend«, flüsterte ich und gab ihr einen Kuss auf die Wange. Alles war in diesem Moment richtig.

Wir setzten uns und tranken ein Glas Wein. Wir redeten über unsere gemeinsame Vergangenheit und waren dabei vollkommen entspannt. Die Welt war wieder in Ordnung, es herrschte Harmonie. Sie lächelte und wurde emotional. Nach einer ganzen Weile zog ich sie erneut an mich ran und drückte sie. Ich spürte es sofort: ein unglaubliches Gefühl zu ihr. Sie waren da und offensichtlich noch genauso wie vorher. Sie waren nicht verflogen. Sie weinte und wir lagen uns in den Armen, sie flüsterte: »Kannst du heute Nacht bei mir bleiben?« wie bei unserem ersten Mal. Wir redeten unentwegt und schliefen schließlich ein. Arm in Arm, die ganze Nacht. Ohne uns voneinander zu lösen.

Zurück in Dessau telefonierten wir täglich miteinander. Wir nahmen am Leben des anderen teil, ganz bewusst. Nur sehen konnten wir uns nicht allzu oft. Sie hatte viel zu tun in der Kanzlei. Immer wieder sprachen wir darüber zusammen wegzugehen, irgendwo neu anzufangen. Das war ihr sehnlichster Wunsch. Auch wenn sie ihn vorerst nicht umsetzen konnte. Sie zog sich zurück, um bald darauf wieder anzuklopfen. Sie schien in einer Zwickmühle zu stecken und nicht herauszufinden. Ich konnte ihr nicht helfen. Ich musste warten. Bis sie so weit war.

Kurz nach Weihnachten 2019 schickte sie mir ein Bild, das ich von ihr in einem Unterwasserrestaurant auf den Malediven geknipst hatte. Sie schrieb dazu: »Einer der schönsten Momente in meinem Leben.« Auch ich erinnerte mich gern daran. Am dreißigsten Dezember dann wollte sie eigentlich an die Ostsee fahren, um den Jahreswechsel mit ein paar Freunden zu begehen, blieb dann aber doch in Berlin. Sie hatte noch in der Kanzlei zu tun. Wir überlegten, den Silvesterabend gemeinsam zu verbringen, kurz darauf aber schrieb Peggy: »Ich wünsch dir alles Gute, komm gut ins neue Jahr!« Ich war irritiert. Was sollte das denn nun?

»Alles gut, alles easy«, antwortete ich und ließ es dabei bewenden. Ich disponierte um und verabredete mich mit Leipziger Freunden.

»Bin grad vom Spaziergang mit Ally zurück«, schrieb sie gegen Abend und ich wusste plötzlich ganz genau, dass wir Silvester zusammen verbringen würden. Sie fragte, ob ich es bis zum Abendfilm auf ihre Couch schaffen würde, und ich fuhr los ins Büro, um zwei Flaschen Champagner zu holen. Pünktlich stand ich vor Peggys Tür. Nachdem ich eingetreten war, war es wie immer. Ich fühlte mich sofort in unsere Vergangenheit zurückversetzt. Es war idyllisch. Auf dem Sofa schmiegte sich Peggy an mich und schlief erschöpft ein. Das Ende des Films bekam sie nicht mit.

Kurz vor Mitternacht stellten wir uns ans Fenster und schauten uns die vielen Feuerwerke über Berlin an. Ally lag tiefenentspannt in meinem Arm und Peggy umarmte mich von hinten und ganz liebevoll. So nah beieinander gingen wir ins neue Jahr.

»In zwei Wochen feiert meine Mutter ihren Geburtstag in Österreich«, erzählte sie später. »Zusammen mit ein paar Freunden wollen wir Ski laufen.«

»Vielleicht können wir uns vorher noch mal sehen«, schlug ich vor.

»Das wäre schön.«

Wir verbrachten ein wundervolles Wochenende zusammen. Wir kochten, quatschten, verbrachten die Nacht miteinander. Die Welt war in Ordnung. Peggy lächelte. Doch nach ihrem Familienurlaub drehte sich alles wieder komplett.

»Ich kann meine Gefühle nicht greifen, ich weiß nicht, wo ich stehe«, erklärte Peggy.

»Ich glaube, du weißt ganz genau, wie deine Gefühle aussehen, du kannst sie nur anderen gegenüber nicht eingestehen«, sagte ich, »und das ist das größte Problem. Du versteckst uns. Du traust dich nicht, einfach glücklich zu sein.«

Aber das kannte ich schon von Jean, es war mir also nicht neu.

Einen Moment später klingelt das Telefon von Peggy, es war ihre Freundin. Und auch das kannte ich, Sie belog im Beisein von mir ihre Freundin. Peggy wurde gefragt, wie nun ihr Silvester war und die Antwort war: „Ach, ich war bei mir allein und habe nix gemacht."

Das war der richtige Zeitpunkt, um mich noch zu verabschieden und zu gehen.

Warum sind die Leute so, warum können sie sich nicht einfach für das Glücklichsein entscheiden? Warum wollen Sie lieber anderen gefallen nur sich selber nicht? Warum leben Sie nicht, sondern existieren nur?

Fragen, auf die man keine Antwort bekommt. Peggy werde ich von mir aus nie wieder sehen und jeden Kontakt gänzlich meiden.

Epilog: Ein Aufkleber auf dem Auto

Ich misstraue den Menschen, damit habe ich nie hinter den Berg ge-
halten. Ganz offen sage ich jedem meine Meinung. Eine Meinung,
die ich vertrete, bis zum bitteren Ende. Wenn ich etwas sage, stehe
ich dazu. Damit konnte bislang nicht jeder umgehen. Peggy nicht,
Jean nicht, Sanny nicht. Auch die Leute, mit denen ich zusammen-
gearbeitet habe, nicht.

Mir ist klar, dass es nicht immer einfach ist mit mir. Ich weiß,
was ich will, und lasse es nicht zu, dass man sich ausruht. Ich trei-
be die Leute an, vor allem die, die mir wichtig sind. Stillstand ist mir
zuwider. Es muss auch menschlich immer eine Weiterentwicklung
geben. Möglichkeiten kommen auf einen zu und man muss den Mut
haben, sie zu ergreifen und auch mal etwas Neues, etwas Unbekann-
tes zu wagen. Ohne Sicherheitsnetz. Ich hatte bisher immer Glück.
Die Zeit arbeitet für mich. Manchmal muss man nur warten und es
fügt sich von allein.

Natürlich möchte ich die Zeit zusammen mit Katrin, Jean und
Peggy nicht missen. Sie begleiteten gewissermaßen die Schritte auf
meinem Weg. Dennoch haben sie mein Vertrauen missbraucht und
mich allesamt enttäuscht. Menschlich betrachtet. Ihnen fehlte das
Rückgrat. Inzwischen verlieren sie kein gutes Wort mehr über mich.
Von dem, was sie früher schön fanden, wollen sie heute nichts mehr
wissen. Jean würde ich helfen, wenn sie in Not ist. Anderen wäre es
scheißegal, wie es der Ex-Partnerin geht. Jean ist mir aus einem mir
noch nicht genau bekannten Grund nicht egal. Sie war wohl die ein-
zige Liebe meines Lebens. Jean wird es auch bleiben.

Irgendwann las ich einen Artikel über einen Mann, der sich selbst als Menschenhasser bezeichnet. Immer wieder sah er sich in seiner Meinung bestätigt, dass jeder lügt und betrügt und sich selbst in den Mittelpunkt stellt. Das zu lesen, war für mich wie eine Offenbarung: Die Figur des Misanthropen ist die Konsequenz aus meinem Leben! Wie oft hat mich jemand angelächelt und mir dann das Messer in den Rücken gerammt. Die Menschen sind zerfressen von einer Doppelmoral, sie messen permanent mit zweierlei Maß, nur um dabei selbst am besten wegzukommen. Die anderen interessieren sie nicht.

Wenn ein Anwalt beispielsweise einen Kinderschänder vertritt, Gesetzbücher und Berge von Akten wälzt, um einen solchen Verbrecher zu verteidigen und das geringste Strafmaß für ihn rauszuholen, dann finde ich das moralisch hochgradig verwerflich. Wäre es das Kind des Anwalts gewesen, würde der vermutlich nicht da sitzen. Niemand zwingt ihn dazu, einen solchen Fall zu übernehmen. Er muss den Kinderschänder nicht verteidigen. Aber er verschanzt sich hinter Paragrafen und Aktenstapeln und sieht es als anwaltliche Herausforderung. Dass ein Kind zu Schaden gekommen ist, streicht er aus seinem Kopf. Der Täter wird zum Opfer gemacht. Dabei hat er kein faires Verfahren verdient, so viel steht fest. Würde jemand mein Kind anfassen, bräuchte ich keine Polizei, um das zu regeln.

Ich beschäftigte mich eingehender mit der Figur des Misanthropen und wusste schon bald, dass ich selbst einer bin. Zu hundert Prozent. Und ich beschäftigte mich mit der Typisierung der Menschen, denn jeder lässt sich in irgendeine Schublade stecken. Der Narzisst, der Psychopath. Auch wenn in jedem eigentlich alles steckt. Die Frage ist nur, welcher Neigung man nachgibt, was die Oberhand gewinnt, welche Seite man auslebt.

Ich habe gelernt, dass man niemandem uneingeschränkt vertrauen kann. Worte sind für viele Menschen eben nur Worte. Einmal gesagt und schon vergessen. Sie blenden und lügen und geben vor, etwas zu sein, das sie nicht sind. Weil sie keine Ahnung haben, wer sie eigentlich sind. Weil sie sich nicht mit sich selbst beschäftigen, mit ihrem Wesen, ihrem Charakter, ihren Mechanismen.

Ich kenne viele Leute, privat und beruflich. Meine Menschenkenntnis ist ziemlich ausgereift, mein Bauchgefühl trügt mich nie. Ich lerne jemanden kennen und kann ihn recht schnell einem bestimmten Typus zuordnen. Weil ich hinter die Fassade blicke. Viele Leute verstellen sich, um etwas zu erreichen, um besser dazustehen. Sie wollen jemand anderes sein, als sie sind. Das geht mir nicht so. Ich bin ich. Kann man nun besser leben, wenn man weiß, was für ein Typ Mensch man ist? Oder bedrückt es einen und macht einen handlungsunfähig?

Mich hat es ungemein befreit zu wissen, dass ich ein Misanthrop bin. Ich kann ganz offen und ehrlich damit umgehen. Wer eine Erklärung will, bekommt sie. Knallhart. Die Leute, die mir gegenübertreten, sollen wissen, mit wem sie's zu tun haben.

An der Seitentür meines Autos klebt ein fetter Aufkleber: MISANTHROP. Mit dieser Aussage können sich die Leute auseinandersetzen oder es bleiben lassen. Ob mich jemand schief anguckt oder verurteilt, interessiert mich nicht. Ich will und muss niemandem gefallen. Außer mir selbst.

Manche Misanthropen sind nur Möchtegern-Menschenhasser und eher introvertierte Pessimisten oder Zyniker. Misanthropen hassen nicht zwangsläufig jeden Menschen, sondern sie verachten die Menschheit als solche. Weil sie sich selbst vernichtet, weil sie immer nur redet und diskutiert, statt zu handeln. Es geht immer nur um persönliche Befindlichkeiten, um Macht, statt um die Sache selbst. Es fehlt an Nüchternheit, vielleicht gar an Pragmatismus. Stattdessen herrscht die Oberflächlichkeit. Wer nicht ins Konzept passt, wird rausgekantet.

Misanthropie ist ein Zeichen für Weisheit. Natürlich kann ich Freunde und Familie haben und anderen gegenüber wahres Mitgefühl empfinden. Ich will niemanden persönlich verletzen. Ich bin auch nicht suizidgefährdet, weil ich selbst Teil dieser desaströsen Menschheit bin. Misanthropie ist eben keine psychische Krankheit, sondern eine gewonnene Einstellung.

Jeder sollte sich die Zeit nehmen, um über sich nachzudenken, mal eine Draufschau zu wagen, sich selbst einzugruppieren und zu erfahren, wo man in der Gesellschaft steht. Das dauert, geht nicht *von heute auf morgen. Ich versuche, jeden dazu anzuregen: Erkennt, was ihr seid, und ihr werdet gut damit leben können. Und ihr werdet wissen, in welche Richtung ihr gehen müsst. Nur so könnt ihr euch entwickeln. Wenn ihr keine Rechenschaft vor euch selbst ablegt und euer Handeln nicht kritisch reflektiert, dann seid ihr dazu verdammt, eure Fehler immer und immer zu wiederholen. Die Unehrlichkeit wird euch straucheln lassen und euch von eurer Selbstentfaltung abhalten. Sie wird euch krank machen. Es ist an der Zeit, euch einmal schonungslos den Spiegel vorzuhalten, ohne euch selbst anzulügen. Nur so könnt ihr die werden, die ihr tatsächlich seid.*

Ich habe einen Freund, der hat vor zwanzig Jahren sein Geschäft verkauft, hat Schluss gemacht mit dieser materiellen Welt und ist losgezogen, um sich selbst zu finden. Sechs Monate lang ist er quer durch Neuseeland gelaufen, lebte lange Zeit dort. Heute wohnt er wieder in Dessau in einem Haus mitten im Wald. Er ist angekommen. Bei sich selbst. Darüber hat er ein paar Bücher geschrieben à la »Lebe deinen Traum« und »Was macht dich als Mensch aus?«, gibt Seminare und ist ziemlich erfolgreich damit.

Früher machte ich immer die anderen dafür verantwortlich, wenn etwas schieflief oder sich nicht in die richtige Richtung entwickelte. Heute weiß ich, dass ich ganz allein dafür verantwortlich bin. Um glücklich zu sein, brauche ich keine Frau an meiner Seite. Es kommt vielmehr darauf an, die einfachen Dinge zu schätzen. Um den Sonnenuntergang, den Strand, das warme Wasser und den sanften Abendwind genießen zu können, muss ich mich erst mal selbst aushalten. Erst dann kann ich mich darüber freuen, dass jemand neben mir sitzt. Egal, wohin du gehst: Das Glück musst du selbst mitbringen. Es liegt nirgendwo, es ist nur in dir.

Ich habe in meinem Leben keine Fehler gemacht. Es waren vielmehr Erfahrungen. Alles hatte seine Zeit. Seinen Sinn. Jede Entscheidung war ein Ergebnis ihrer Umstände. Jede Erfahrung, ob nun gut oder schlecht, hat mich zu dem gemacht, der ich heute bin. Sie sind Stationen auf meinem Weg, ebenso wie die Menschen. Die kommen und gehen. Ich kämpfe nicht mehr um jeden einzelnen.

Was Claudia und Katrin jetzt machen, weiß ich nicht. Jean ist wieder mit Dirk zusammen – totally in love, wie sie überall rumpo-

saunt –, obwohl eigentlich nichts stimmt in dieser Beziehung. Das Zusammenleben funktioniert nicht, der Sex funktioniert nicht, das Drumherum funktioniert nicht. Mittlerweile hat er mit einer anderen ein Kind, das Jean nun bespaßen muss, obwohl sie kleine Kinder nicht leiden kann. Sie ist noch lang nicht bei sich angekommen, weit weg davon. Ich hoffe nur, dass sie nicht irgendwann an sich selbst kläglich scheitern.

Peggy beginnt gerade erst zu verstehen. Bis hierhin ist so vieles schiefgelaufen. Mein ganzes Telefon ist voll mit dem Scheiß. Manchmal habe ich mich wirklich gefragt, ob ich den Text einfach nicht richtig lesen kann. Sie schrieb mir »Ich liebe dich«, um kurz darauf mit einem anderen ins Bett zu steigen. Die Worte haben ihre Bedeutung verloren. Liebe – was ist das schon? Früher waren Beziehungen beständig, Ehen hielten ein Leben lang. Man hielt zusammen und ging gemeinsam durch Höhen und Tiefen. Heute lebt man in Lebensabschnitten.

Und was ist Freundschaft? Sanny ist eine Frau, die ich sehr geschätzt habe, auf deren Meinung ich lange viel Wert gelegt habe. Ich passte auf sie auf, fühlte mich für sie manchmal etwas verantwortlich.

Ich lieh ihr Geld und sie schwor, es mir schon bald zurückzugeben, jeden übrigen Cent auf mein Konto zu schieben. Bis heute habe ich nur einen Bruchteil davon wiedergesehen. Stattdessen fährt sie in den Urlaub, lässt ihr Auto komplett mit Werbung für ihren Kosmetiksalon bekleben, leistet sich allerhand, wie ich weiß. Nie hat Sanny sich bei mir dafür entschuldigt, dass sie mich mit den Kreditverbindlichkeiten so lange warten lässt. Sie bricht unsere Verträge, obwohl sie Geschäftsfrau ist und eigentlich wissen müsste, wie das läuft. Ich werde einen Anwalt beauftragen und sie verklagen. An dieser Geldgeschichte ist unsere Freundschaft zerbrochen.

Beziehungen sind längst nicht mehr das, was sie früher waren. Achtung, Respekt, Zuverlässigkeit, Beständigkeit; Das gibt es alles nicht mehr. Dass zwei Menschen sich zusammentun, ist ein beständiges Modell. Das gab es immer schon, deshalb halten wir daran fest. Es hat sich eine Gewöhnung eingestellt, gegen die sich niemand auflehnt. Beziehungen sind heute nichts anderes mehr als Verbindungen auf Zeit, die allein auf den gegenseitigen Vorteil ausgerichtet sind. Bei Jean und Sanny war das ganz klar zu erkennen. Möglichst viel nehmen, aber bloß nichts geben. Die meisten Leute verschwinden, sobald ihnen die Beziehung nicht mehr nützt. Dann ist die einstige Liebe oder Zuneigung nichts mehr wert. Verpufft, ausgemerzt. Und los geht sie, die Suche nach dem Besseren.

Bevor ich einer Frau sage, dass ich sie liebe, muss ich mir absolut sicher sein, dass ich's auch so meine, dass ich genau das auch lebe. Meine Liebe ist ein Standpunkt. Dafür will ich keine Kompromisse eingehen müssen. Wenn ich von Liebe spreche, akzeptiere ich die Frau uneingeschränkt. Und genauso erwarte ich es auch von ihr. Ich muss mich nicht ändern müssen, um ihrer Liebe wert zu sein.

Katrin hat geraucht, als wir uns kennenlernten. Und sie wünschte sich ein Kind. Ich aber wollte nicht mit einer Raucherin zusammen sein. Ich wollte kein weiteres Kind. Beides wären Kompromisse gewesen. Bei Jean sah das ganz anders aus. Sie hat vom ersten bis zum letzten Tag unserer Beziehung geraucht und das hat mich überhaupt nicht gestört. Ich konnte sie trotzdem küssen. Denn ich habe sie uneingeschränkt geliebt und all ihre Macken akzeptiert. Es war ihre Lügerei, für die sie mich geopfert hat. Auch Peggys narzisstische Züge kann ich akzeptieren, wenn sie sie für sich selbst annimmt. Aber beide Frauen, Jean und Peggy, haben ihre Freunde und Familie zu meiner Person angelogen, mich verleugnet, obwohl sie tatsächlich noch lange mit mir Kontakt hatten, Urlaub miteinander verbracht haben und auch sonst füreinander da waren. Muss der Mensch lügen? Aber ich empfinde es als viel schlimmer, dass die Freunde und Familie nicht sehen, wie es einem geht und sie die Maske nicht erkennen. Nun, ich kann auf solche sogenannten Freunde gut verzichten. Es sind keine. Aber damit müssen beide Frauen selbst klar kommen und in den Spiegel schauen. Am Ende kommt immer die Wahrheit heraus.

»Der Misanthrop sei aus lauter Verzweiflung nicht selten ein Eremit«, habe ich gelesen oder gehört. Er lebe zurückgezogen, meide den Kontakt mit denjenigen, die er verachtet. So bin ich nicht. Ich habe immer auch das Gute gesehen und es für mich verwirklicht. Ich bin nicht einsam. Ich reise umher, schaue mir viele Sachen an, ich spreche mit den Leuten, lerne fremde Kulturen kennen. Ich bin glücklich, weil ich mit mir absolut im Reinen bin. Mein Glück mache ich an niemandem fest. Glücklichsein heißt für mich nicht das perfekte Leben

zu leben. Es heißt, verstanden zu haben, das Leben zu leben, trotz aller Schwierigkeiten.

Wenn es überhaupt eine Zukunft mit einer Frau geben könnte, dann wohl mit Jean.

Ich bin dennoch wieder allein auf die Malediven geflogen. Nun sitze ich hier und genieße alles, was mich umgibt. Das bedeutet Glück für mich: Stundenlang aufs Wasser zu schauen mit nichts als Sand unter den Füßen. Auf der Sonnenseite.

Wenn wir nicht wissen, woher wir kommen,
wissen wir nicht, wohin wir gehen.

**ROHNSTOCK
BIOGRAFIEN**

Erzählen Sie uns Ihre Geschichte(n).
Wir schreiben sie auf und machen ein Buch daraus.

IHR LEBEN ALS BUCH

ROHNSTOCK BIOGRAFIEN
Schönhauser Allee 12 · 10119 Berlin
www.rohnstock-biografien.de
info@rohnstock-biografien.de

EIN HERZ FÜR AUTOREN A HEART FOR AUTHORS À L'ÉCOUTE DES AUTEURS MIA KAPΔIA ΓIA ΣΥΓΓΡΑ
EN HJÄRTA FÖR FÖRFATTARE UN CORAZÓN POR LOS AUTORES YAZARLARIMIZA GÖNÜL VERELIM SZÍV
ORE PER AUTORI ET HJERTE FOR FORFATTERE EEN HART VOOR SCHRIJVERS TEMOS OS AUTOF
ERZŐINKÉRT SERCE DLA AUTORÓW EIN HERZ FÜR AUTOREN A HEART FOR AUTHORS À L'ÉCOUT
AÇÃO ВСЕЙ ДУШОЙ К АВТОРАМ ETT HJÄRTA FÖR FÖRFATTARE Á LA ESCUCHA DE LOS AUTOR
EURS MIA KAPΔIÁ ΓIA ΣΥΓΓΡΑΦΕΙΣ UN CUORE PER AUTORI ET HJERTE FOR FORFATTERE EEN H
ARLARIMI ERZŐINKÉRT SERCE DLA AUTORÓW EIN HERZ FÜR
SCHRI CORAÇÃO ВСЕЙ ДУШОЙ К АВТОРАМ ETT HJÄRTA FÖR

Der Autor

Mario Lehmann, geboren 1968, hat seine ersten
Jahre mit Lernen und dem jugendlichen Leben
verbracht. Es war eine tolle Zeit. Aber dann wurde
ihm mehr und mehr bewusst, dass sich sein Leben
von anderen deutlich unterschied. Es lag an seiner
Einstellung zu den Leuten.
Er erkannte zeitig, dass Worte und Taten meist
nicht zusammen passen und er sich nur auf sich
selbst verlassen kann.
Meist ist er zu neutral, zu realistisch, zu schwer
zu begeistern, da eben nicht immer alles Gold ist,
was glänzt.
Aber er hat sein Leben gefunden, er kann reisen
und die Welt sehen. Er kann sehr unabhängig
agieren und was wohl das größte Glück war:
Er durfte erfahren, was Liebe ist. Und das als Misanthrop.
Seine Hoffnung ist am Ende nur, dass jeder sich
die Zeit nimmt, einmal über sich ehrlich nachzudenken und dabei in einen Spiegel schaut.
Und es ist nicht schlimm, wenn dabei eine Träne
die Wange hinab läuft. Das macht es ehrlich.

Der Verlag

*Wer aufhört
besser zu werden,
hat aufgehört
gut zu sein!*

Basierend auf diesem Motto ist es dem novum Verlag
ein Anliegen, neue Manuskripte aufzuspüren, zu ver-
öffentlichen und deren Autoren langfristig zu fördern.
Mittlerweile gilt der 1997 gegründete und mehrfach
prämierte Verlag als Spezialist für Neuautoren in
Deutschland, Österreich und der Schweiz.

**Für jedes neue Manuskript wird innerhalb we-
niger Wochen eine kostenfreie, unverbindliche
Lektorats-Prüfung erstellt.**

Weitere Informationen zum Verlag und
seinen Büchern finden Sie im Internet unter:

www.novumverlag.com